我《わ》が輩《はい》は珈琲《コーヒー》博士《はかせ》

金沢大学名誉教授
日本コーヒー文化学会副会長
北國新聞文化センター講師
廣瀬　幸雄

教えて博士！

おいしく淹《い》れるコツは？

湯を中心に注ぎ、「ドーム」作る

コーヒーを抽出する方法として最もポピュラーなのがドリップです。布製のネルドリップもありますが、ここではペーパードリッパーで試してみます。肝心なのはペーパー側にお湯をかけず、真ん中にピンポン玉が頭半分出たような「ドーム」を作り、そこに湯を注ぎ続けることです。こうすると、ペーパーに向かって、味を濁らせるアクがたまり、おいしい成分だけが静かに落ちてくるのです。

ペーパードリップの断面

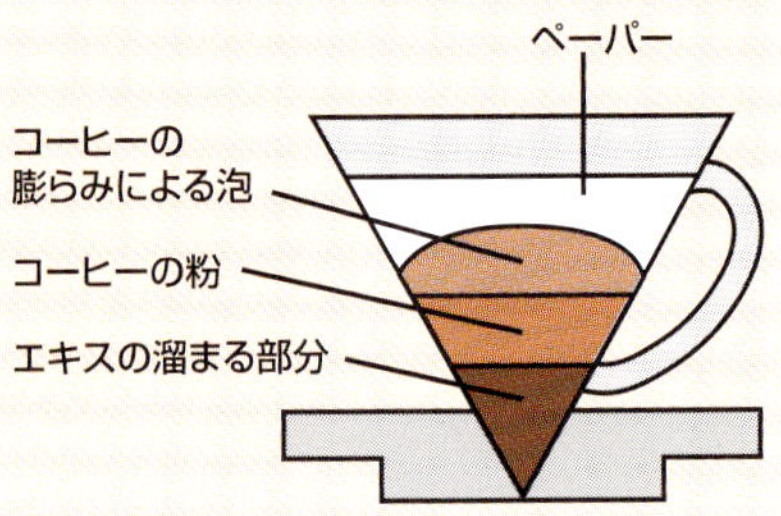

ドリップによる抽出の手順

杯数分の粉を入れたら、その中央から湯を注ぎ、全体をしめらせる。

この状態が「蒸らし」で、粉が水分を含んで膨らむ。豆が新鮮なほど膨らみは大きい。

30秒ほどたったら抽出を始める。真ん中に湯を少しずつ注ぐと白い泡が出てくる。

泡の外に湯をかけないよう500円玉程度の大きさで湯を円を描くように注ぐ。

ドームを崩さないように湯量を調整。ドームが外に向かって広がり始める。

最初のドームの中に新しく白い泡が出てくる。これが2番目のドームになる。

引き続き、白い泡がわく中心にのみ、円を描くように湯を注いでいく。

杯数分の湯を注ぎ終えるまで、慎重に湯を注ぐと白い泡が中心に残り続ける。

湯を注ぎ終えると、真ん中がくぼんだようになる。上手に淹れるとこうなる。

教えて博士！

焙《ばい》煎《せん》で美味しくなるワケ

コーヒー豆がハチの巣になる？

焙煎して挽《ひ》いた豆を電子顕微鏡で観察すると、ハチの巣と同じ「ハニカム構造」と呼ばれる状態になっています。熱を加えることによって細胞内の水分が飛んで空洞になるためです。

空洞の中にはガスが含まれており、これがコーヒー独特の香りの正体です。挽いて間もない粉なら、湯を通すと空洞が膨らみますが、何カ月も経った豆はガスが抜けてしまっているため、膨らみません。

左ページ上の写真の通り、空洞の内側には突起状にコーヒーの成分が付着しています。湯を注ぐとこれらが溶け出し、味わい、酸味、苦味、甘味、色が生まれるというわけです。

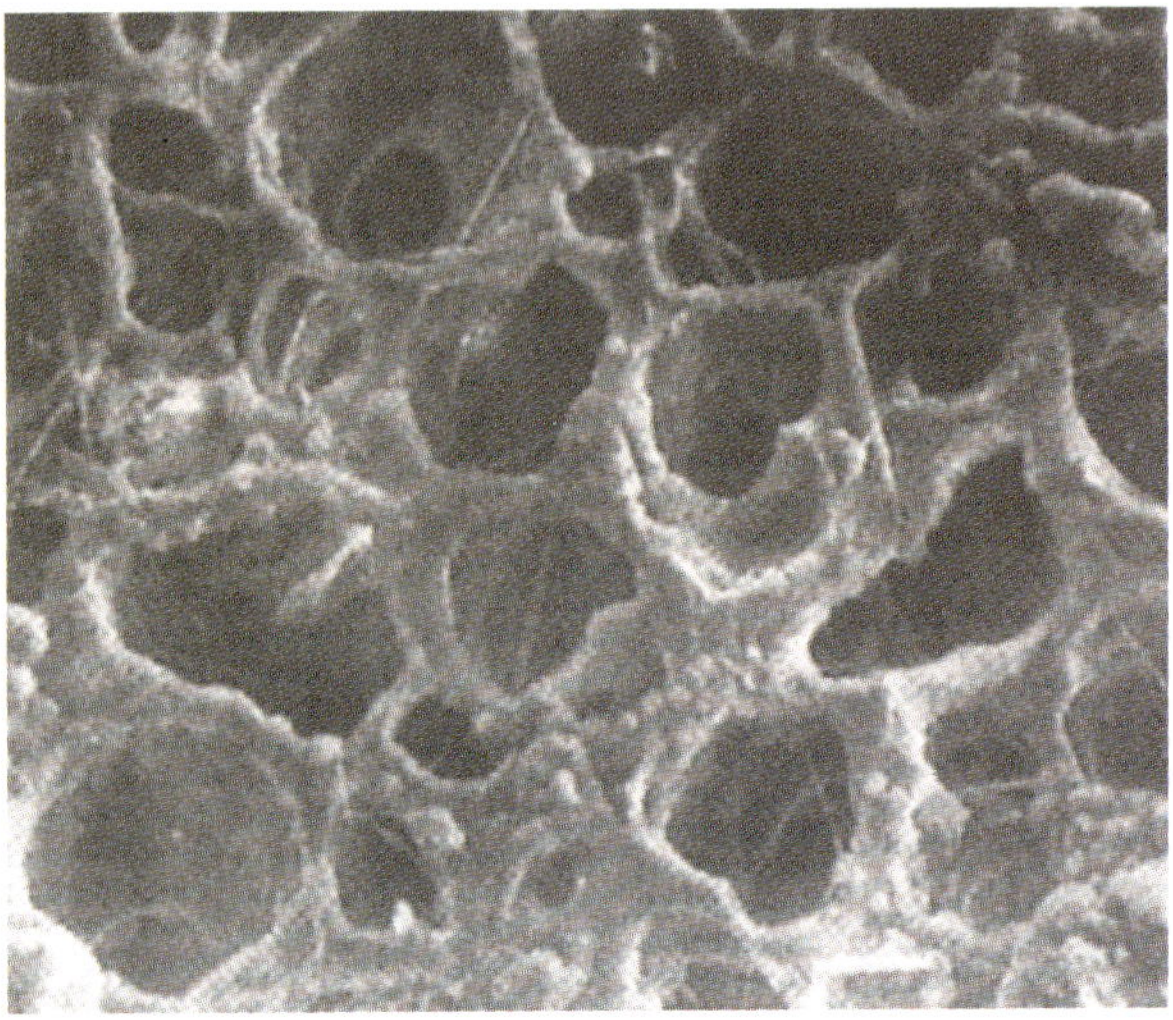

電子顕微鏡で見たコーヒー粉の拡大写真。焙煎によって豆はスポンジ化し、重さは75%、体積は1.5倍に変化する。空洞の直径はおよそ0.01〜0.05mm

抽出する前のコーヒー粉

空洞壁の表面がブツブツとしていて、全体にみられる突起物がコーヒーの美味しさを生み出す成分

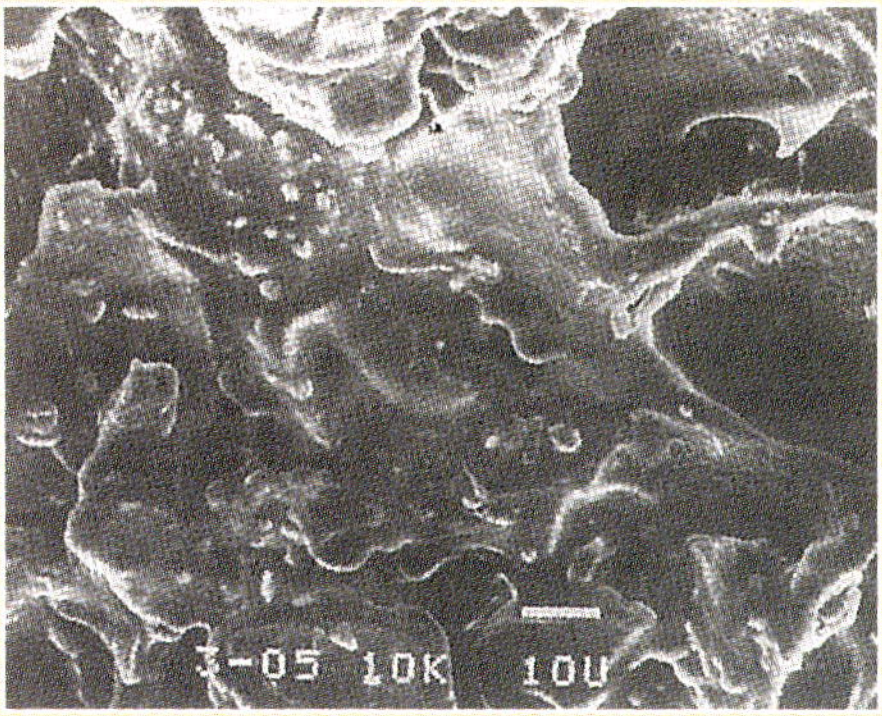

抽出した後のコーヒー粉

コーヒーの成分が溶け出し、空洞壁の表面が滑らかに。体によい成分は抽出を始めて1分後にはほとんど流れ落ちる

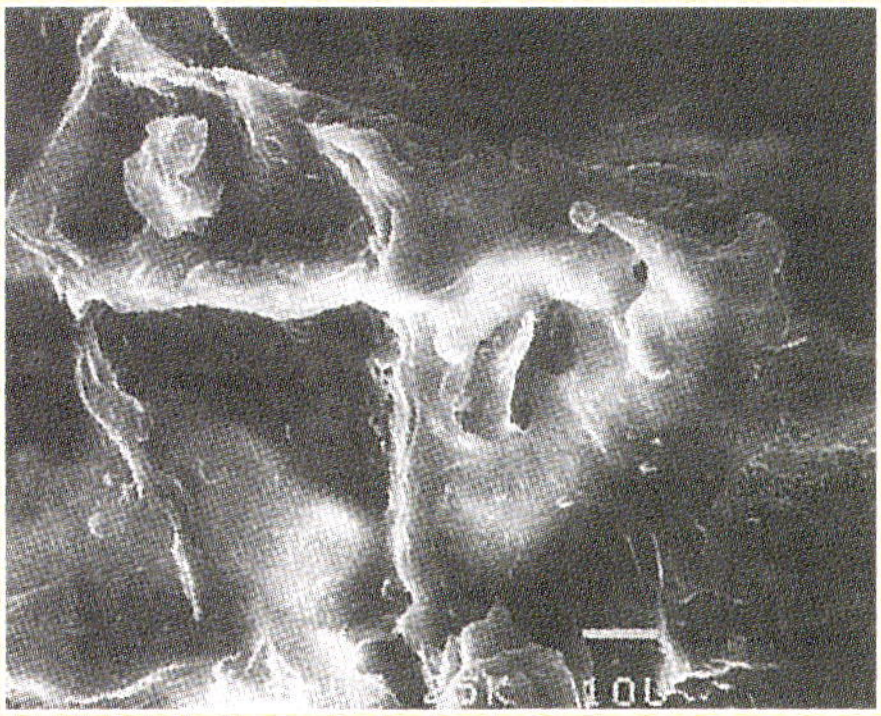

焙煎の段階

深く煎るほど酸味が消え、苦味が強くなる

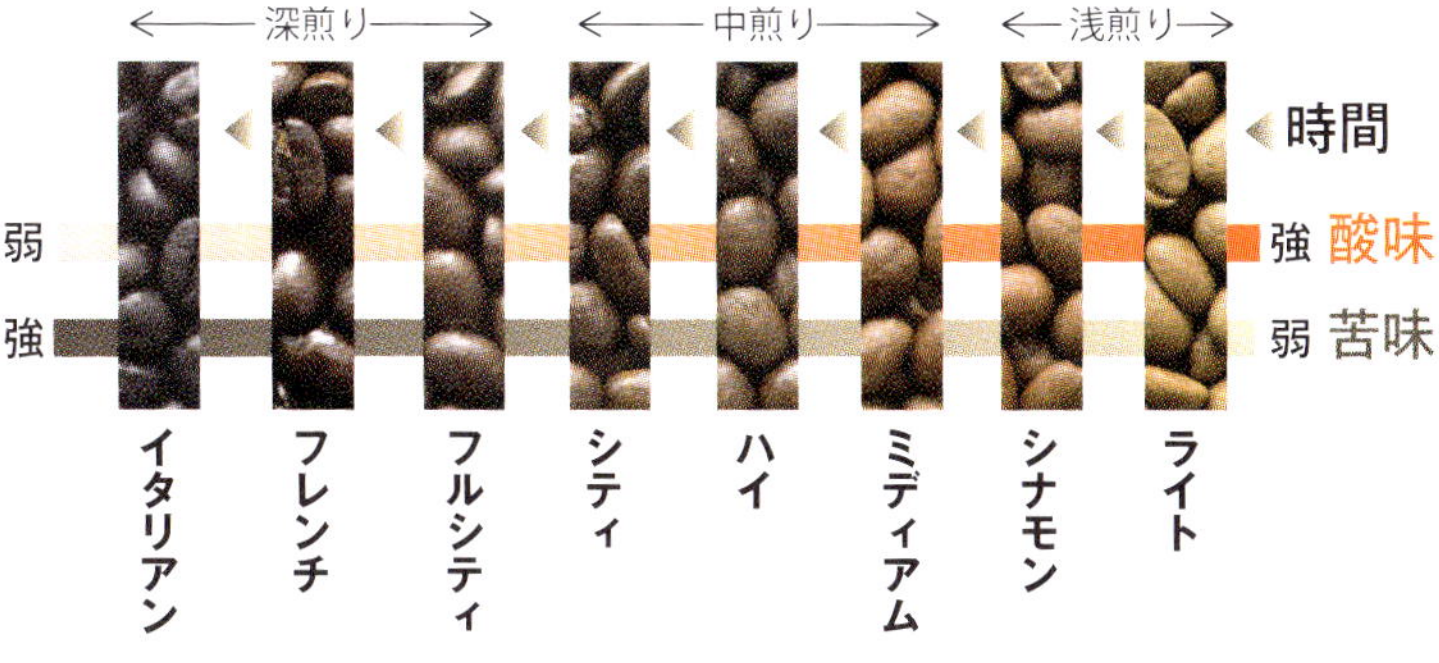

教えて博士！ コーヒー好きな国はどこ？

コーヒーの主な産地と消費国

コーヒーの実

- コーヒー豆の主な産地
- コーヒー豆の産出量TOP5（2010年、国連食糧農業機関統計より）
- コーヒーの消費量TOP5（2010年、国際コーヒー機関統計より）

生産量1位はブラジル

現在、コーヒー豆は世界70カ国以上で生産されています。赤道を挟んで北緯25度から南緯25度までの地域は、俗に「コーヒーベルト」「コーヒーゾーン」とも呼ばれ、ほとんどの産地がこの一帯に集中しています。

かつては中南米、アフリカ諸国ばかりが上位に位置していましたが、近年はベトナムやインドなどアジア諸国も生産量を伸ばし、意外なところでは中国・雲南省の豆も世界市場で注目されています。

国別の1人当たりのコーヒー消費量（2009年）

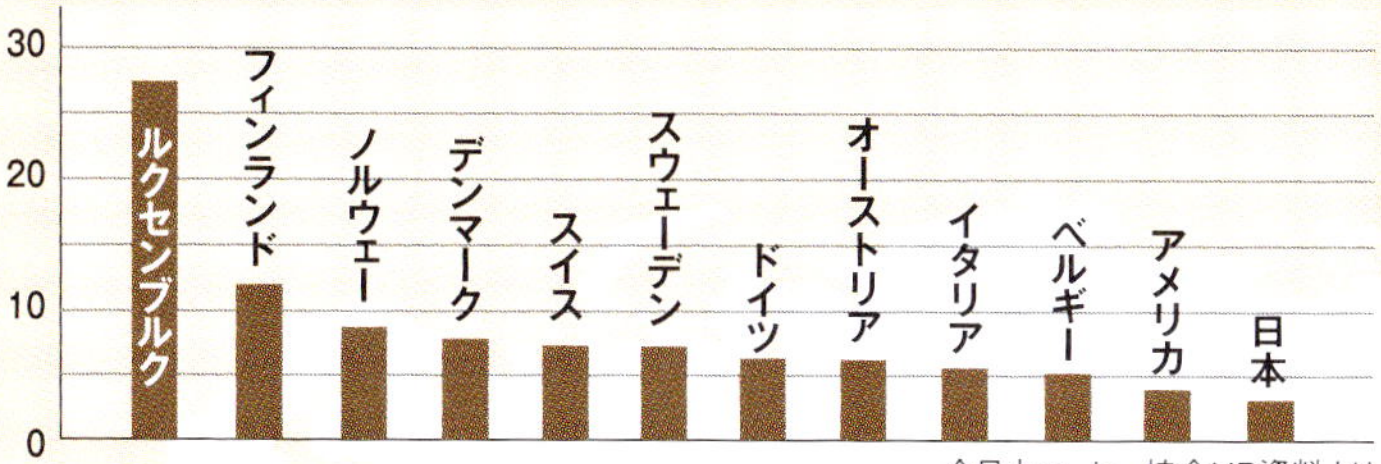

全日本コーヒー協会HP資料より

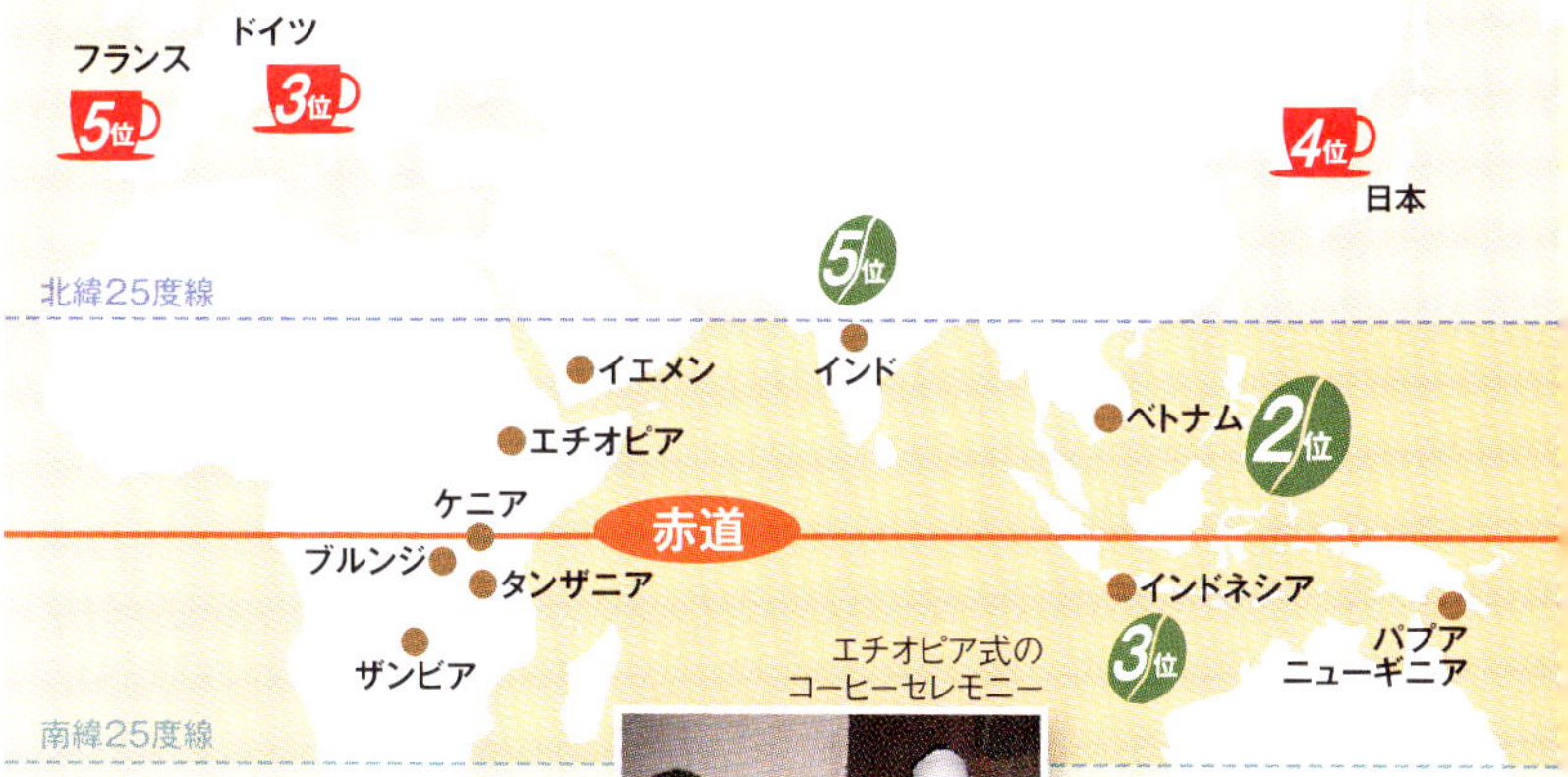

エチオピア式のコーヒーセレモニー

日本は消費量4位

消費量が最も多いのは、スターバックスやタリーズコーヒーの生まれ故郷アメリカです。日本も4位に入っていますが、1人当たりの消費量を見ると、ヨーロッパ諸国が並びます。特に北欧地域が際立って高くなっています。

上のグラフを見ると、圧倒的な1位はルクセンブルクとなっていますが、これは消費税が低いため、周辺国の人たちが越境して買いにくることが影響しているそうです。

教えて博士！

コーヒー鑑定士って何？

実演を交えながらの資格認定講座＝金沢市の北國新聞文化センター

知識と技術備え、より美味しく

いまや日本のコーヒー市場は年間約1・4兆円規模とされています。それだけコーヒーを楽しみ、また職業として携わる人が多いというわけです。コーヒーにまつわる知識と技術を身につけることを狙いに、私はコーヒー鑑定士の資格認定を行っています。

資格には、インストラクター（2級と1級）と鑑定士があります。現在、北國新聞文化センター（金沢市）で資格が取得できる講座を開いています。

受講者は、職業柄コーヒーに携わる方もいらっしゃいますが、よりコーヒータイムを楽しみたい一般の方々も受講されています。コーヒーに関するさまざまな情報を吸収し、素敵なコーヒーライフを過ごしてみませんか？

CONTENTS

我《わ》が輩《はい》は珈琲《コーヒー》博士《はかせ》 目次

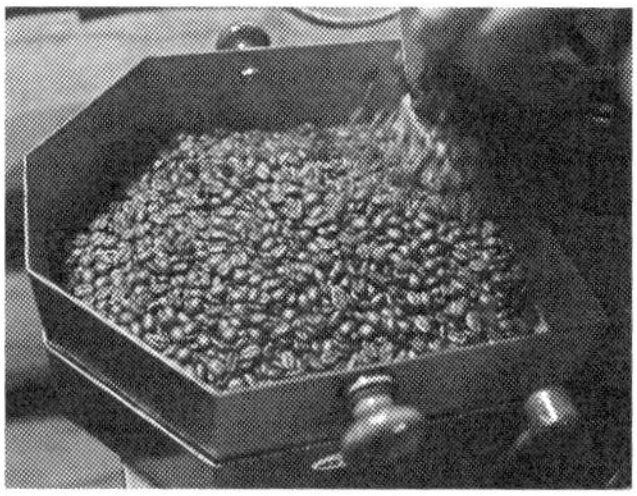

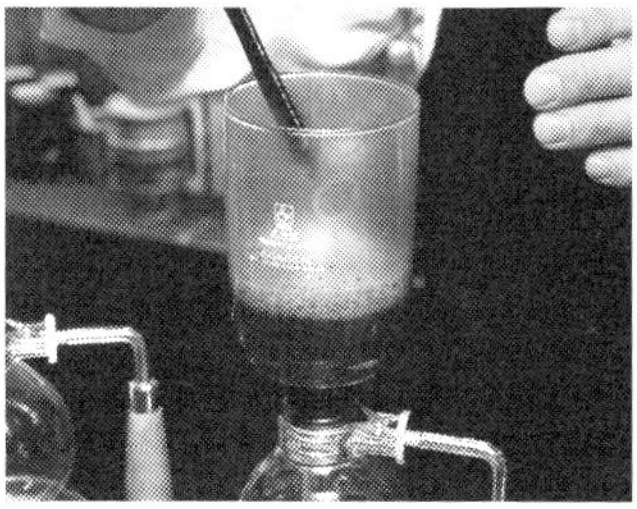

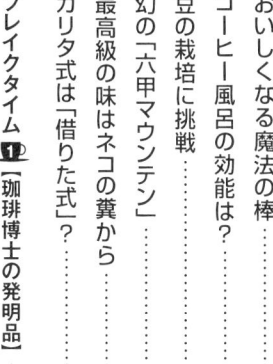

第2章　喫茶店行脚

第3章　世界コーヒー漫遊記

エチオピアで

イエメンで

CONTENTS

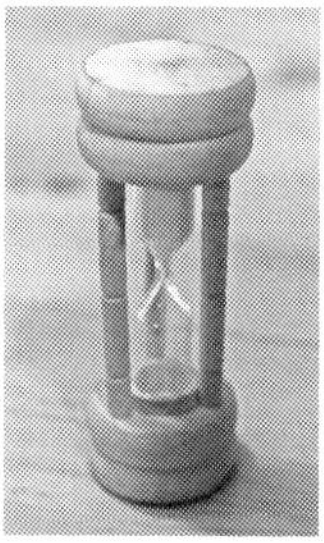

CONTENTS

金沢大学理学部時代

研究は機械に囲まれて

左端は少年時代の著者

第1章 珈琲クレイジー

「聖なるコーヒー」を求めて

我が輩は「珈琲博士《コーヒー》」である。名は廣瀬《ひろせ》幸雄《ゆきを》。金沢大学名誉教授ではありますが、世間ではユニークな研究に贈られる「イグ・ノーベル賞」の受賞者として知られているかもしれません。実は、私の発明や研究は自分でも驚くほどの成果を挙げている、とひそかに思っているのですが、これからその訳を明らかにしていきましょう。

「イグ・ノーベル賞」を受けたのは２００３年のことでした。その研究は兼六園に行った時、日本武尊像《やまとたけるのみことぞう》にカラスが近付かないのに気付いたことがきっかけです。私は不思議に思うと放っておけない質《たち》です。化学的に分析し、日本武尊像にヒ素や鉛が含まれていることを見つけたのです。

皆さんは私を、変わった発明ばかりしている変人だと思っていませんか。実はどれもいたって大まじめなのです。

そんな私のライフワークがコーヒーの研究です。「コーヒー学」と銘打って大学の講座にもなりました。コーヒーには何と、「がん

イグ・ノーベル賞の授賞式での様子。中央にいる筆者は、賞状と副賞の「ナノ粒子が入った箱」(空っぽにしか見えない!)を手にしている＝2003年10月、米ハーバード大

の原因を消す」作用があることも分かってきました。繰り返し言いますが、私は人様の役に立つ研究をしているのです。いつかは本物の「ノーベル賞」も夢じゃないと思うくらいです。

私は「博士」というより「コーヒー馬鹿《ばか》」です。これほどまでに研究にのめりこんだのは、あるコーヒーとの衝撃的な出合いからでした。

フライパンで二度焼き!?

今から40年近く前、助教授として金沢大学に勤め始めたころのことです。当時、金沢大学はお城の中にキャンパスがありました。大学に向かう途中、バスを降りてからちょっと時間があったので、うどん屋の2階に見つけた喫茶店に何気なく立ち寄ることにしました。

扉を開くと、何やら焦げたようなにおいがプーンと漂ってきました。3坪ほどの小さな店では、見るからに昔気質《かたぎ》のマスターが仕事をしています。その手元に目を向けると、何と、コーヒー豆をフライパンで焼いているではありませんか。

学生の時から喫茶店に通ってコーヒーを飲んでいましたが、焙煎《ばいせん》した豆をフライパンでさらに煎《い》っている人を見たのは初めて。思わず「何でそんなことするの」って尋ねました。するとマスターは「胃にこないコーヒーを作ってるんだ」と得意げに言うのです。

西田豊一さんというそのおやじは、最近はコーヒーを飲むと胃が痛くて耐えきれんのだと、喫茶店のマスターらしからぬ発言でした。煎った豆をサイホンで抽出してくれたコーヒーは、決しておいしいとは言えませんが、すっきりしていたのは確かです。

「なるほどね」

味わっただけで満足していては工学屋の名折れです。胃に刺激を与えない理由に、思い当たる点がありました。物は焼けば炭化します。炭はフィルターにも使われるぐらいで、コーヒーも浄化されるんですね。それですっきりした味になったんでしょう。

お年寄りには人気だったが…

興味がわいた私は毎朝、おやじの喫茶店に通いました。オープンから1カ月ほどの店は当初、学生でにぎわっていました。しかし、月日が経つと学生はひとりふたりといなくなり、いつの間にか店内はお年寄りばかりになっていました。

それもそのはず、若い人は酸味や苦みを好みますから、味がしないコーヒーなんて流行《はや》りません。お年寄りは時間がたっぷりあります。朝、店にいた人は昼に行ってもまだいるわけで、そんな状態ですから、おやじの店は案の定、半年ほどでつぶれてしまいました。

この半年の間に、ただ一度だけ、おやじは私が追い求めることになる「聖なるコーヒー」の原型を作ったのです。

「チン」すればおいしくなる

学生時代から私はずっと俗人の親玉のような生き方をしてきました。顔を見れば分かるはずです。その反動で、聖なるものへのあこがれがあったんでしょう。1970年代半ばに金沢大学の近くにあった喫茶店のマスター、西田さんの作った「聖なるコーヒー」は、俗人の私が聖人になったような衝撃だったのです。

廣瀬は頭がおかしいんじゃないか、なんて言わないでください。その「聖なるコーヒー」を追い求め、「これだ」という味を作り出したのは、それからずっと後のことなのですから。「聖なるコーヒー」は、私の人生にとってそれほど大きな存在となるのです。

すっきり、透明感広がる味

その日はちょっと急いでいて、西田さんの喫茶店に入ってコーヒーを頼み、出てきたカップにあわてて口を付けました。すると、すっきりした味の奥に、いつになく透明感が広がります。俗人の私が、みるみる浄化されていくのが分かりました。

感動のあまり2杯目を注文！　今度はちょっと焦げ臭い、いつものコーヒーです。1杯目は偶然だったのでしょう。同じように作ってほしいとマスターに何度も頼むのですが、二度と同じ味に巡り合うことはできませんでした。

しかし、マスターの「二度焼き」がヒントとなり、紆余《うよ》曲折を経て、後年、自らの手で「聖なるコーヒー」を作り出すことに成功しました。分かってみれば簡単。古くなった焙煎《ばいせん》豆を粉にして、電子レンジに1分ほどかけるだけです。

インスタントでも効果あり

どうしておいしくなるか、原理を簡単に解説しますと、古い豆にたまった余分な水分が抜けること、もう一つは炭化の一歩手前の状態になること。これが私の見つけた「聖なるコーヒー」の条件です。人によっては、焙煎したてより、「チン」した方がおいしいというぐらいです。インスタントコーヒーも「チン」するとおいしくなりますよ。皆さんもぜひお試しください。

この発見は、コーヒーの賞味期限の「議論」に一石を投じることになります。業界ではコーヒーの賞味期限を1年半と言っています。しかしコーヒーに精通した人の間では、2カ月がせいぜいというのが、暗黙の常識となっていました。

私も「賞味期限2カ月説」を唱える一人なので、業界の人には「商売の邪魔すんな」と煙たがられ、所属する日本コーヒー文化学会では私をよく思わない方もいらっしゃったかもしれません。しかし、「チン」すればコーヒーが蘇《よみがえ》る発見をテレビ番組で披露したところ、見方が少し変わったのでしょうか。同じころ、大学でコーヒーの講座を開いた活動も話題となり、サイエンス委員長を経て、副会長に押し上げていただいたのです。

サイホンとドリップ、どっちが美味い？

さて、くだんのマスター西田さんに話を戻すと、後日談があります。私がコーヒーの講演会の講師を頼まれるようになったころ、マスターに助手を頼んだことがあります。

出会ったころからマスターはサイホン派でした。これが、かっこいいんですよ。でも、マスターは普段から蝶《ちょう》ネクタイをするような「かっこつけ」だったので、サイホンはパフォーマンス的なもので、本当のおいしさはドリップにあるんじゃないか、と当時の私は思っていました。だから講演でも得意げに「サイホンよりドリップの方がおいしいですよ」と言ったんです。

ところが、いざ実習でサイホンとドリップの飲み比べをしたところ、会場がざわざわして様子がおかしい。私はピンときました。

「やったな」

マスターはわざとサイホンでおいしく、ドリップでまずく作って振る舞ったんです。

そんなわけで、私の面目は丸つぶれ。後々、作り方次第でどちらもおいしく入れられることを知り、マスターには悪いことをしたな、と反省することしきりでした。

サイホン（左）とドリップ（右）。作り方次第でどちらもおいしいコーヒーを入れられるのだが…

コーヒーの「声」

コーヒーの研究を始めてからというもの、人、物、場所、さまざまな出合いに恵まれました。中でも私が全国の喫茶店巡りを始めたころに拝顔した「コーヒーの神様」のインパクトは鮮烈でした。

東京・青山のとある喫茶店での出来事です。この店は「コーヒーの濃度は比重で違います。おいしいコーヒーの比重は、これこれです」と書いて張ってある変わった店でした。ひと癖ありそうなにおいがぷんぷん漂っています。

「コーヒーの濃度を測定しとる変わり者がおるんか」。変人ぶりならこちらも負けてないぞ、と勝手に対抗心を燃やしながら、マスターに話しかけました。

彼の話は、コーヒーの比重にとどまらず、抽出する際の重心論にまで及びました。

コーヒーをここまで理論的に分析している人がいるとは…。「マイッタ」。白旗を上げ、感動のまなざしを向けると、照れくさそうに「実はぼくも受け売りなんです」とマスター。誰の受け売りかといえば、くだんの「コーヒーの神様」、井上誠氏だというのです。

井上氏は、日本のコーヒー研究の草分け的存在で、当時の私でも名前は聞いたことがありました。

気のいいマスターは、コーヒーを研究している私が「神様」と話できるようにと、取り計らってくれました。

「君にいろんなことを言うとる」

後日、紹介された「神様」は物腰柔らかな御仁《ごじん》。おいしそうにコーヒーを堪能しています。

「さあ、何を言うんだ」と身構えていると、井上氏はカップから離した口を、ゆっくりと開きました。

「廣瀬君とやら、聞こえないか」

唐突な問いにキョトンとし、思わず「な、何が聞こえるんですか」と聞き返す私。

「コーヒーが、君にいろんなことを言うとるだろう」

「えー、コーヒーがしゃべるんですか」

トンチンカンなやりとりを繰り返しながら、心の中では「何てドキザなんだ」と思っていました。目をパチクリさせる私に、井上氏はたたみかけます。「君、コーヒーの重心が一定になる軌跡の方程式を書いてくれないか」。

私が工学屋だと知っての問い掛けでしょう。

ドリップには、円すい形のコーノ式、ネル式や、3つの穴から落ちるカリタ式などがあります。重心が一定であれば、常においしいコーヒーを入れることができます。円すい形のドリップでは、下から3

「コーヒーの神様」と言われた井上誠氏※写真提供・別冊暮しの設計No.7「珈琲・紅茶の研究PARTⅡ」(中央公論社刊)撮影・ヤスクニ

分の2ぐらいが重心の位置ですね。ただ、気を付けたいのが、お湯が落ちきる最後だけ、重心の位置がずれてしまうということ。よく喫茶店で、コーヒーを抽出している途中に捨ててしまうのを見て「もったいない」と感じたことはありませんか。皆さん経験で知っているんでしょう。

しかし当時の私には、井上氏の言葉の真意をつかむことができず、答えることができないまま、井上氏はこの世を去ってしまいました。

しかし後から井上氏の言葉の意味をかみしめてみると、すごいことを言っていたのだと気付かされます。

子どもの言葉を聞くつもりで

私の専門は破壊工学で、例えば飛行機事故で機体に亀裂がどう入っていくかも式で書けてしまうんです。井上氏の言葉を借りれば、亀裂も私らに語りかけているんですよ。誰か聞いてくれって。それを私らは一生懸命聞いてあげなくてはならない。井上氏の言葉にハッとさせられます。

大人と子どもの関係も一緒です。最近、子どもの言っていることが分からない親がいる、という話も耳にしますが、目線が違うんでしょう。大人が子どもを見下ろしても、見上げても、子どもは本心を話さない。目線を同じにすることが心を開くことにつながるのです。井上氏の言葉には、そんな深い意味が込められていた気がします。それに気付いてからは、コーヒーの声に耳を傾けています。

1万坪のコーヒー研究所

金沢大学（金沢市角間町）からさらに山をのぼり、医王山スポーツセンターを過ぎたあたりに、私専用の研究所があります。広さは約1万坪。そこでは、コーヒーの焙煎機《ばいせん》をいくつも開発したし、コーヒー豆を育てたこともあります。いわば、コーヒーの「サティアン」です。研究のために私財をなげうってまで山を買ったコーヒーバカ？　いやいや、これには深ーいワケがあったのです。

最近の職場では、クールビズが広がっていますが、普段の私はネクタイはおろか、スーツすら着ません。大学の中を作業着姿でウロウロしているもんですから、清掃業者に間違われた、なんてこともありました。そんな変人、廣瀬が、同じ建物で研究をしていると、あらぬ疑いがかかるもので…。

女性助教授が鬼の形相で

古くなったコーヒーを電子レンジで「チン」すればおいしくなることは、すでにご紹介しましたね。25年ほど前のある日、その原理を応用し、コーヒーの焙煎機の誘導加熱装置の周波数を変える実験をしていた時のことです。

鬼の形相の女性が実験室に飛び込んできました。上の階の女性助教授です。「何てことをしてくれるんですか」と頭から湯気が出ています。何事かと聞いてみると「あんたが変な実験するから、月に一度のアレが来なくなったじゃない」とまくし立てるではありませんか。

こちらとしては、悪いことをした覚えはないわけで、しかし、いくら私が説明しても、取りつく島も与えてくれません。それどころか、彼女は当時の学部長にまで訴え出たため、何やら「大騒動」に発展してしまいました。

しばらくして、学部長から呼び出しを受けました。私は謝るつもりなど毛頭ありません。納得のいかない表情をしていると、学部長も「分かっているよ」と察した感じで、申し訳なさそうに、「彼女が来る日は実験しないでくれないか」と言われました。きっと、彼女が引き下がろうとしないのでしょう。

不肖、廣瀬もここは男。彼女がいる昼の実験はきっぱりやめました。それからの実験はもっぱら夜中です。

ところが、私がおとなしくしているというのに、彼女がまたまた文句を言いに来たんです。思い込みってやつは怖いですな。さすがに頭にきて、今度は私の方が学部長に訴えました。でも学部長は「わしは女じゃないし、分からん」と腰が引け気味でして。えーい、はがえしい。

それでも、彼女は勘違いの一件を反省したのか、文句はぱったりとやみました。かといって、私としても少々後味の悪い結果。そもそも大学で自分の趣味であるコーヒーの実験をしていた私も悪いわけで、また同じようなことが起こらないようにと、思い切って山を購入することにした、というわけで

山を購入して作ったコーヒー研究施設＝金沢市俵町

した。

「たたられるわよ」と女房

さて、人生最大の買い物をした私。山を切り開くのは自力でと決めていました。頂上付近に、実験場を建てられそうな場所があったので、そこを目指してパワーショベルで岩を削っていきます。没頭しすぎて会議を忘れ、怒られたなんてことも。

女房からは「あなた、里山を目指しているのに、木を切るなんて…。あんまりやると、たたられるわよ」と釘《くぎ》を刺されていましたが、私は「分かった、分かった」と受け流し、いざ頂上へ、行けいけどんどんと道を付けていきます。

頂上付近にさしかかると、私の前に大きな木が立ちはだかりました。

「たたられるわよ」

女房の言葉がふと、頭をよぎります。結局、眺めの良い実験場を作りたいとの思いが勝り、その木を引っこ抜いてしまいました。

その夜、「たたり」が現実となったのか、私と手伝ってくれていた学生は高熱に浮かされました。それどころか、1カ月ほど体調が回復せず、大学を休むはめになってしまったのです。もしかしたら、あの木は山の守り神だったのかもしれません。

皆さん、女房の言うことは聞いておくもんですよ。

将軍の味はフレンチ？

私のコーヒー仲間に「ヨシトモさん」という方がいます。私より10歳年下ですが、いつも落ち着いていて、悠然と構えています。仕事や発明に追われ、毎日せかせかと生き急いでいる私とは、住む世界が違うようです。でもなぜか気が合って、かれこれ30年以上の付き合いになりました。

皇居に住んでます

彼とは青山の喫茶店「ダボス」で出会いました。マスターに「面白い写真家がいる」と紹介されたのが「ヨシトモさん」です。その頃、彼はまだ20代半ばの青年で、マスターの焙煎《ばいせん》機を借りて豆を一生懸命焼いていました。マスターに呼ばれ振り返った彼は、私を見ると作業の手を止め、こちらへ小走りでやってきました。

「はじめまして、ヨシトモと言います」

「やあ、私は廣瀬と言って、金沢から来ました。コーヒー研究はまだ始めたばかりで…」

なぜか、こちらが必要以上にへりくだってしまう存在感が青年にはありました。「なぜだろう」。

好奇心が膨らんできました。

「君はこの辺に住んどるの?」

「はい、皇居に住んでます」
「……は？　……皇族なわけじゃないよね？」
「ははは、まさか。廣瀬さんは面白い人ですね」
彼は一笑に付しましたが、フルネームを聴いて驚きました。「徳川慶《よし》朝《とも》」。この名から分かるように、彼は大政奉還した15代将軍、徳川慶喜《よしのぶ》公のひ孫だったのです。世が世なら、18代将軍だったかもしれません。そう言われると、どことなく高貴に見えてくるから不思議です。ちなみに彼の住んでいる場所は、皇居の近くのマンションだったのですが……。

喫茶店のマスターには、自分のやり方を教えてくれるタイプと、絶対にまねされたくないタイプに分かれます。後者のタイプのマスターは、私がいくら喫茶店に通っても、警戒して手の内を見せようとしません。ところが慶朝さんと隣り合わせになって、横に座っていると、貝のように口を閉ざしていた手強《てごわ》いマスターが、慶朝さんにはどんどん「秘密」を教えるのです。慶朝さんが聴いていないことまで、私の知りたかった情報が、いとも簡単に手に入るわけです。

これも将軍の血を引く威厳でしょうか。それとも物腰やわらかな雰囲気でしょうか。いずれにせよ私のように見るからに図々《ずうずう》しいタイプは損をしておるわけですな。

そこで私は一計を案じました。

「ヨシトモさんは、次いつ来るの？」と予定を聞き出し、慶朝さんが来る時に合わせて私も店に行き、

焙煎法を研究するヨシトモさん

横でちゃっかりノートを取ったわけです。かたじけなく候《そうろう》、でござりまする。

150年前の味を再現

その慶朝さんは「ひいおじいちゃん（徳川慶喜公）がコーヒーで外国人をもてなした記録がある。何とか、その当時のコーヒーを再現したいんですよね」と、研究、試作を重ねていました。

慶喜公は大政奉還と同じ年の1867（慶応3）年、神戸港開港交渉の際、欧米外交団を大坂城に招いて本格的なフランス料理でもてなしました。食後にはコーヒーを出したそうです。日本の公式行事にコーヒーが登場するのは、この時が初めてではないかと言われています。1万5千両、現在にすると4億円以上の費用がかけられ、まさに日本の威信をかけた接待だったようです。「懸命に外交を上手く進めようと思ったんでしょう」と慶朝さん。そうして再現されたのが、その名も「徳川将軍珈琲」です。

当時は、ジャワが世界一のコーヒー生産国だったので、豆はジャワ。フランスのコックを雇ったことから考えて、当然、苦みのあるフレンチロースト（深煎り）だろうといった感じです。慶朝さんはスイッチ一つの焙煎機は使わず、炭火焼にこだわります。昔のように、ひいた粉を鍋で煮出す方法で抽出すれば、おいしいかどうかは別にして、幕末ロマンが感じられることは間違いありません。

おっとりしながらも、こだわるところはとことんこだわる慶朝さん。こんな点で「珈琲馬鹿《ばか》」同士、気が合うのかもしれません。あいや、これは僭越至極《せんえつしごく》。恐れ入りましたでござる。

1日に何杯飲めるか

コーヒーは世界の著名な文化人も虜《とりこ》にしてきました。

かのドイツの作曲家ベートーベンは、1杯のコーヒーをきっちり60粒の豆で淹《い》れると決めていたそうです。60粒はおよそ10グラムなので、現在の味に近かったのではないでしょうか。バッハもコーヒー党で「コーヒー・カンタータ」と呼ばれる曲まで作っています。

飲んだ量の「伝説」も半端じゃありません。啓蒙《けいもう》主義を代表するフランスの作家ボルテールは1日に72杯飲んだそうです。リアリズム小説の祖とされるバルザックも1日に50～60杯飲んだとされています。彼にとってコーヒーはもはや「食物」だったとか。

自らの体を使って挑戦

この事実を知った30代半ばの頃、私の中に一つの疑問が生まれました。「人間とは1日どれぐらいコーヒーを飲めるのか」。限界が知りたくなって、自らの体を使って実験することにしたのです。

1日目。コーヒー党の私は「何杯でもいけるやろ」と余裕しゃくしゃくでした。しかしその余裕も10杯目ぐらいまで。飲み続けているとお腹が膨れて苦しくなってきました。何とか頑張り、それでも25杯で限界を迎えました。

2日目、3日目、4日目も焙煎《ばいせん》法や豆を変えて試してみるのですが、やはり25杯あたりで「壁」にぶち当たります。5日目には、胃がムカムカしてきて、とうとうコーヒーがのどを通らなくなってしまいました。私の挑戦はボルテール達には遠く及ばぬ25杯で玉砕となりました。彼らはきっと、小型のデミタスカップで飲んでいたのだろうと勝手に結論付け、自分を納得させたのでした。

翌朝、起きると胃の調子がおかしいのに気づきました。夜になっても、翌日になっても症状はいっこうに治まりません。

「こりゃおかしい。もしかしたら癌《がん》じゃないか…」

コーヒーの実験をしたことも忘れ、青ざめた私は、かかりつけの医者へ駆け込みました。

不安いっぱいの私は「先生、何とか助けてください」と、すがるように症状を説明しました。すると先生はしばらく考え「最近、何か変わったことせんかったか」とおっしゃったのです。その言葉で私はハッと我に返りました。

最近変わったことと言えば、思い当たることはただ一つ。コーヒーの実験のことを話すと「そりゃ飲み過ぎや」と先生はあきれ顔。飲み過ぎで胃の粘膜がやられたんだろうと説明されました。

「廣瀬さん、これだけは覚えといてくれ。コーヒー1杯には0.1グラムのカフェインが含まれとる。カフェインの致死量は11グラム前後やから、110杯飲んだら死んでしまうかもしれんぞ」

コーヒー実験にはあえなく玉砕したが、現在も研究室での一杯は欠かせない

こう厳命を受け、病院を後にしました。お騒がせしました。

ダイエット効果はある？

しかし人間とは懲りない生き物です。「飲み過ぎ騒動」から15年ほどした頃、ある冊子の記事が目に止まりました。

「コーヒーのダイエット力」と題し、コーヒーが自律神経の働きを高めて肥満を防ぐことや、運動前にコーヒーを1杯飲むことでダイエット効果が上がることが記されていたのです。

「本当かいや」。気になったら確かめずにいられない性分の私は、性懲りもなく、再び自分で試してみることにしたのです。

でも確か…。15年前の実験では、コーヒーを何杯も飲んだのに痩《や》せた記憶がありませんでした。そこでこの時は、食べる量も減らして減量に取り組みました。

朝はコーヒーのみ、昼と夜はコーヒーと、量を少なくした食事を続けること3カ月。スルスルと10数キロ体重が減りました。お腹がすいた時にコーヒーを飲むと、空腹感が紛れることは確かです。

しかし、食べる量を減らした分、馬力が出ません。当時、徹夜で実験することもあった身には、正直つらくなってきました。コーヒーを飲むと痩せることを身をもって証明できたので、コーヒーダイエットはここで終了。しばらくすると体重は元通りとなりました。

結論。何事もほどほどに、ということですな。

焙煎《ばいせん》機を開発したい

コーヒーの生豆《なままめ》は、焙煎することで初めて独特の風味や香りが出ます。つまり焙煎法が、おいしさを左右する大きな要素なのです。私はコーヒーの研究を始めて40年近く、極上の味を求めて20台を超える焙煎機を自作してきました。そしてたどり着いた最終形が、「過熱蒸気」を使った方法です。これから、最終形に至るまでの試行錯誤を振り返ってみたいと思います。

約40年前、金沢大学に助教授として勤め始めた頃に訪れた喫茶店で、焙煎した豆をさらにフライパンで煎《い》った焦げ臭いコーヒーに出合ったことが、コーヒー研究を始めるきっかけになったことは、すでにご紹介しました。その後、マスターをまねてフライパンで豆を煎ったり、ざるに入れて火に炙《あぶ》ったりと自分なりに試しているうちに、工学屋の血が騒ぎ、自分で焙煎機を作りたくなりました。

第1号は次男のミルク缶

何か材料になるものはないかとスーパーであれこれ物色していると、赤ちゃん用の粉ミルクの缶が目に留まりました。形といい大きさといい、イメージにぴったりです。ちょうど次男がミルクを飲んでいた頃だったので、私は銘柄よりも形を重視して品定めし、買って帰りました。

普段、育児や買い物は妻に任せていた私が、急に粉ミルクを買ってきたのを見て、妻は「珍しいこともあるものね」と目を丸くしました。ところが、私がやおら中の粉ミルクを別の容器に移すと、「この缶が焙煎機にちょうどいいんや」と言って製作に取り掛かったものだから、妻は「あー、やっぱりそういう裏があったのね」とあきれたのでした。

菓子が入っていたブリキ缶も家から持ち出しました。ミルクの缶は、大きさが少し違う二つを重ね、間に石綿を入れて熱効率をよくします。その中に、穴の開いた銅板を筒状にして入れ、外からかき回せるようにプロペラを取り付けたら、ブリキ缶とつなげて出来上がりです。単純な構造なので、2日ほどで完成しました。

早速、手作り焙煎機の1号機をガスコンロにかけ、火加減に注意しながらゆっくりかき回し、生豆を焼いていきます。焼き上がった豆で淹《い》れたコーヒーは、愛着もあって格別の味でした。

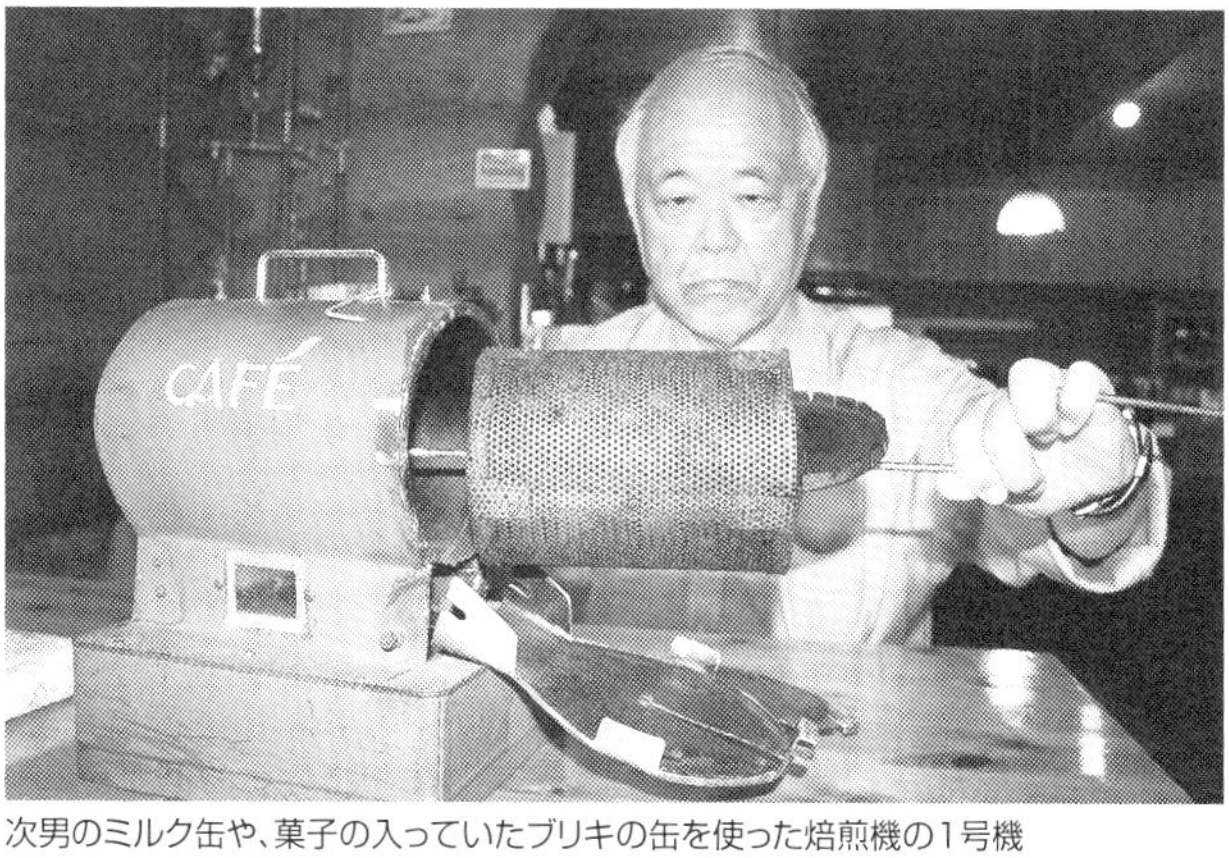

次男のミルク缶や、菓子の入っていたブリキの缶を使った焙煎機の1号機

遠赤外線で豆を均一に焼く

これに味を占めた私は、それから極上の味を求め、焙煎機の発明に熱を入れました。最初の100グラムを焼くタイプから、500グラム、1キロ、3キロ、5キロ、10キロと大型化し、中には中古の焙煎機を改良したものもあります。山の研究所の一室は、そんな焙煎機で埋め尽くされています。

専門分野を生かした最初の発明と言えるのは、遠赤外線を使った焙煎機です。ガスの直火《じかび》による焙煎機は、豆の表面から火が加わるため、焼けた部分にごくわずかな亀裂ができます。そのためコーヒーの成分が外に逃げ、香りが強く出たり、焦げ臭くなる原因にもなります。一方、遠赤外線を使えば内側からも熱が伝わり、豆全体が均一に焼き上がることになります。

まずは熱源に戸室石《とむろいし》を置いて遠赤外線を放射させる方法を試しました。しかし、遠赤外線が思うように豆に届かず、手応えは得られませんでした。

そこで考えたのは、豆に直接あたるドラム部分をプラズマコーティングし、遠赤外線を放射させる方法です。ちょっとした発想の転換で、遠赤外線の効果を最大限に生かした、画期的な焙煎機を完成させることができました。

これによってコクと深みのあるコーヒーを飲めるようになったのですが、これで満足するような廣瀬ではありません。この時、すでに次なるアイデアを温めていました。

失敗重ね、ついに「最終兵器」完成

おいしいコーヒーが飲みたくて、工学屋であることを幸いに自ら焙煎《ばいせん》機を次々と開発してきました。遠赤外線を使った焙煎機をつくり、焼きむらがなく、コクと深みのあるコーヒーが飲めるようになった頃、私はもう一つの野望を実現させようとしていました。

コーヒーが一番おいしい状態は、焙煎したばかりの豆をひいて、すぐに淹《い》れたものです。ですから、まとめて豆を焼くよりも、飲みたい分だけ少量ずつ、手軽に焼くことができたら、常に焼きたてのコーヒーを味わえるのです。何かいいアイデアはないかと我が家を見渡していると、キッチンにある主婦の味方、電子レンジに目がとまりました。

電子レンジを改良

試してみる価値はあるぞ、と手始めにコーヒーの生豆《なままめ》を茶わんに入れてチンしました。戸を開けると、もわっと煙が上がり、豆は半生の部分やら焦げた部分やらと、かなり焼きむらがありました。

最初からうまくいくとは思っていません。まずは豆の焼きむらを防

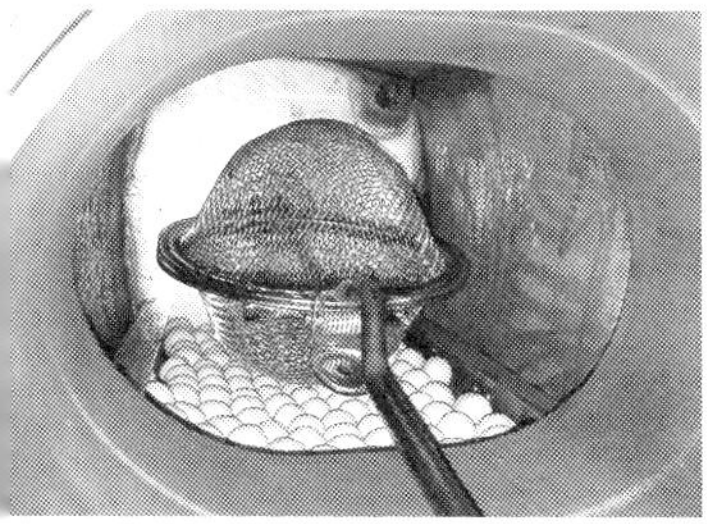

過熱蒸気焙煎機の内部。下の白い球は戸室石です

ぐため、ターンテーブルとは逆方向に豆をかき混ぜる棒を取り付けました。さらに容器を、遠赤外線を発生させるもので作り、レンジの横に穴を開けて、煙を逃がすファンも取り付けました。

この段階で一度焙煎してみると、豆は浅煎《い》りで、表面に油が浮いていました。失敗です。おいしい焙煎は、職人技による熱加減の調節にあります。常に一定に温める電子レンジの特徴が、裏目に出てしまったようです。そこで、電子レンジ内の温度を調節できる仕組みを付け加えました。

こうして完成した電子レンジ焙煎機で作ったコーヒーは、透明感あふれる味で、汚れた自分がみるみる浄化されていくようでした。これぞ、私が追い求めてきた「聖なるコーヒー」です。

「過熱蒸気」は逆転の発想

そして最近、これまでの焙煎機開発の集大成とも、まったく逆転の発想とも言える装置が完成しました。約500度の「過熱蒸気」で豆を一気に焼くのです。

これまでの焙煎機が「酸化」で焼くのに対し、この装置は「還元」の作用を使います。そのため認知症予防に有効とされるトリゴネリンや、がん予防に効果があるとされるクロロゲン酸が消えずに残り、豆に含まれる糖類が酸化されないため、甘くフルーティーな味わいになります。さらに、普通に焼いた豆よりおいしさが長持ちすると、いいことずくめです。

開発でまず時間がかかったのは、過熱蒸気を発生させる方法でした。最初はスチール缶にコイルを巻き付けて試しましたが、うまくいきません。しばらく頭を悩ませていると、ホームセンターで

IH調理器具を安く売っているのを見掛けました。「これは使えるぞ」。早速購入して分解し、センサーを外すと、思った通り、過熱蒸気をつくることができました。

蒸気機関の原理を応用

実験しているうちに、過熱蒸気に戸室石を入れると、遠赤外線が作用してとんでもないエネルギーが発生することが分かりました。その力で瞬間的に豆を焼くというわけです。生豆に10%程度含まれる水分が蒸発し、乾燥すると言った方が正しいでしょうか。

もう一つ問題となったのが、500度近くに熱した豆を「煎り止め」する方法です。そのままでは真っ黒けになってしまい、外に出して冷やすと、せっかく還元状態で焼いたのに結局酸化して、味にあまり変化がなくなるのです。

そんな時、産業考古学の視察で蒸気機関車「D51」を見に行きました。構造の説明を聞いているうちに、私の頭の中に、あるアイデアがひらめきました。「そうか、蒸気は蒸気で冷やせばいいんや」。500度に比べて低い110度の蒸気を使えば、あまり酸化することなく冷やせます。

こうして、私にとっての「最終兵器」が見事、完成しました。現段階で、これの右に出る焙煎法はないと自負しています。

それにしても、蒸気で冷やす方法は、なぜ思い付かなかったんだというぐらい簡単なこと。それに気付かせてくれたのが蒸気機関車であることを考えると、温故知新とはよく言ったものです。

おいしくなる魔法の棒

摩訶《まか》不思議、かき回すだけでコーヒーがおいしくなる棒があるのをご存じでしょうか。実は、魔法でも何でもありません。2008年に私が発明した、その名も「ヒロセ・ビタル」という棒を使うと、抽出して時間がたったコーヒーも、苦味や酸味が強くて飲めないコーヒーも、みるみるおいしく生まれ変わるのです。その秘密をご紹介しましょう。

破壊工学の知識が生きる

棒は長さ10センチほどで、中に直径1センチほどの白い球が10個収めてあります。この球こそが、おいしさのカギを握っています。

球の正体は、加賀藩も御用達だった戸室石《とむろいし》。遠赤外線を発するこの石をすりつぶして超微粒子にし、焼入《やきい》れしたトルマリンなどを交ぜて高温で焼いたものです。ここに、破壊工学を専門に研究してきた経験が生かされました。

宝石としても知られるトルマリンは、「電気石」とも呼ばれ、熱や力を加えることで電気を帯び、遠赤外線が発生します。

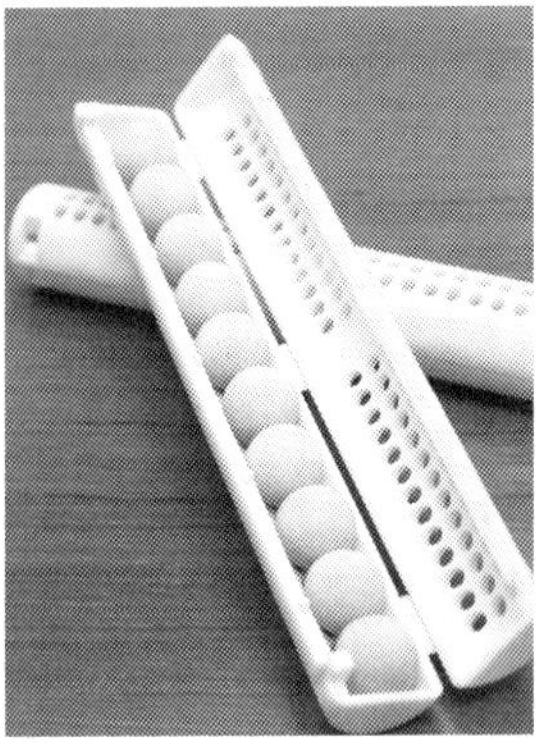

棒の内部には、戸室石などでつくった球が入っています

このトルマリンに「残留応力」を入れることで、より強い遠赤外線を出すことに成功したのです！

オットットット、専門分野なので張り切って少し飛ばし過ぎたでしょうか。「残留応力って何？」という声が聞こえてきそうです。残留応力とは、材料に力を加えた後、力を取り除いても内部に残る力のことです。江戸時代に作られた日本刀が今も刃こぼれせずに切れるのも、焼入れる際に刃の部分に生じた圧縮残留応力のおかげとされています。

刀と同じようにトルマリンを焼き入れることで内部に力が残り、常に遠赤外線を発生させる状態にできたというわけです。

甘味増し、活性酸素を除く

この棒でコーヒーを10回ほどかき混ぜると、遠赤外線と反応した水の構造が変化し、酸味や苦みが弱くなる一方で、甘みがやや増します。加えて老化などを進めるとされる余分な活性酸素を取り除く効果まで期待できるのです。

以前、現代人のコーヒーの好みを多変量解析で調べた際、コクやキレに次いで、甘い香りや味を好むことが分かりましたが、まさに現代人が好む味になりました。

コーヒーを飲む前にクルクルかき回すと、みるみる味が変化します

この棒を作り出し、自分の専門分野と愛するコーヒーが結び付いた喜びはひとしお。そして棒を使ったほとんどの人が「おいしくなった」と言ってくれたので有頂天になっていました。しかしこの時は気付きませんでしたが、この棒には弱点もあったのです。

最高級の味には効果なし

コーヒー党の友人が、「ヒロセ・ビタル」の話を聞きつけ、「ぜひ試してみたい」と私を招きました。彼は私がコーヒーの専門家だと知っているから、最高級のブルーマウンテンを買ってきて、自分の焙煎機《ばいせん》で焼いて、準備万端で待っていました。

彼は、淹《い》れたてのコーヒーを持ってくると、棒でクルクルかき混ぜ、口に含みました。これまでのように、「おいしい」という答えが返ってくると思いきや、「ん？」と顔をしかめ「せっかくおいしいコーヒーが台無しや」と怒り出してしまいました。慌てて私も飲んでみると、何か物足りないような、バランスが崩れた味になっていました。これでは、コーヒーにこだわりのある彼が納得するわけがありません。

この出来事で、そのまま飲んでおいしい最高級のコーヒーには、棒はかえって逆効果になってしまうことが分かったのでした。

とはいえ、よほど高級なコーヒーでも、苦みや渋みにこだわりでもない限り、棒の効果は折り紙付きです。魔法瓶に入れてコーヒーを職場などに持って行っている方も、入れる前にクルクルするだけでおいしい味が保てますよ。だまされたと思って一度お試しあれ。

コーヒー風呂の効能は？

インスタントコーヒーは、封を開けた瞬間、ふくよかな香りがフワッと広がります。挽《ひ》きたてならともかく、抽出したコーヒーを粉末にしたものからどうしてこんなに良い香りがするのか。興味を持って調べたことがあります。

まず分かったのは、香りは開けた時だけで長続きしないこと。したがって、後から香り成分だけを加えているんだと想像がつきました。その香り成分というのが、コーヒーに含まれる油分であることが分かってきたのです。

コーヒー豆から油分を取り出すために、私はやや深煎《い》りに焙煎《ばいせん》した豆を金づちでたたいて圧をかけ、浮き上がってきた油分を集める方法を試しました。しかし取り出せた量はごくわずか。もっと効率的に集める方法はないかと次に試したのは、竹から竹酢液《ちくさくえき》を作る要領で、コーヒーの豆を焼いて出た煙をパイプに集めて冷やす方法でした。

出てきた液体は、タールとコーヒー液、オイルの3層に分かれました。この油分にコーヒーの香りのもとや、コクやキレといった味を決める成分が含まれていました。先のインスタントコーヒーでは仕上げにコーヒーの油分を振りかけ、良い香りを出していたらしいことが分かったのでした。

◆油分に美肌効果◆

そして、この実験でもう一つ実感したのは、コーヒーの油分に美肌効果があるということ。実験が終わった後、いつもより手がツルツルしていることに気付きました。タールのような色さえ気にならなければ、化粧品としても使えるレベルです。コーヒーの美肌効果はすでに注目されており、公衆浴場などでは「コーヒー風呂」を提供する店もあります。

その一つ、金沢市諸江町の「諸江の湯」でも十数年前から「コーヒー風呂」が人気となっています。実は2011年5月から、私がここのコーヒー風呂を監修することになりました。コーヒーには美肌効果に加え、香りにはリラックス効果があり、疲れが取れるというわけです。

この銭湯を経営する松永日出男さんは石川県公衆浴場業生活衛生同業組合の理事長もされている、淹《い》れたてのコーヒーのように熱い思いを持った方で、コーヒー風呂も試行錯誤を重ねてきたそうです。私の講演も聴きに来てくださったとのことで、コーヒー店でばったり松永さんと出くわしたのが縁で、私がコーヒー風呂を監修することになりました。

コーヒー風呂を提供している浴場はいくつもありますが、一度抽出したコーヒーのかすを入れたり、飲用には向かないクズ豆を使っている場合、香りや美肌効果が十分に発揮されない可能性があります。また古くなって酸化が進んだコーヒー豆もダメ。これらの豆では油分が湯に溶けずに浮いてしまうため、すぐに分かります。ここでケチっては、せっかくの効果が台無しというわけです。

薄いアメリカン!?

「廣瀬流」は、飲用にもできる豆をやや深煎りにし、粉にして袋に入れて40度ぐらいのお湯に沈めます。すると、まるで自分が愛するコーヒーの中に漂っているような、至福のひとときが味わえます。私もたまに自宅でコーヒー風呂をやりますが、浴槽をキレイに洗っておいて、コーヒーの湯を飲むこともあります。アメリカンをさらに薄くした味ですが、これがたまらないんです!

諸江の湯では毎週土曜、男湯と女湯どちらでもコーヒー風呂に入れます。これからは週によってモカ、ブラジルなど香りの違いを楽しんでいただくことも考えています。多くの人が入る銭湯なので湯を飲むのだけは難しいでしょうが…。また、湯上がりに腰に手を当て、コーヒー牛乳ではなくカフェオレを飲むのというのも乙なもので、諸江の湯でも提供できないかとも考えています。ぜひ一度、足をお運びください。

「コーヒー風呂」の加減を確かめながら、利用者と触れ合う筆者(左)=金沢市諸江町の「諸江の湯」

豆の栽培に挑戦

コーヒーを愛する者にとって、コーヒーに関することは何でも知りたいと思うのは当然のこと。産地や歴史、焙煎《ばいせん》機の開発、抽出法の研究といろいろやってきましたが、全てを知るという上で、どうしても欠けていることが一つありました。それは栽培です。

皮がないと芽が出ない！

思い立ったのは18年前。試しに手持ちの生豆をプランターの土に埋めてみました。いつ芽が出るか、待てど暮らせど出てくる気配はありません。「日本は寒いからかなあ」。プランターをのぞき込んでは首をかしげる日々は1カ月ほど続きました。が、まったく変化ナシ。ここでようやくおかしいと気付き調べてみると、何て事！　豆にパーチメント（内皮）がついていないと芽を出さないことが分かったのでした。

コーヒー豆のほとんどは日本に輸入される段階で果肉やパーチメントが取り除かれてしまっています。そこで今度はブラジルからパーチメント付きの豆を取り寄せ、再度挑戦。すると、ようやく緑の芽が顔を出したのでした。

やっと出た芽は我が子のようで、しばらくプランターでヨシヨシとかわいがった後は、広い場所の方がいいだろうと研究所のある山へ苗を移しました。「よーし、のびのび育てよ」。うまくいけばここにコーヒー農場を、と夢は膨らみます。ところが…。

4年目の春に白い花

北陸の冬は、あっさりと苗を枯らしてしまいました。かわいい「我が子」は厳しい寒さに耐えることができなかったのです。そもそもコーヒーの産地といえば、赤道を挟んだ北緯、南緯25度の熱帯地方が主で、「コーヒーベルト」とも呼ばれています。金沢の山では越冬できるはずもなかったのです。

でも私はあきらめません。屋外がダメなら家の中でぬくぬくと育てればいいじゃありませんか。コーヒー栽培の執念にとりつかれた私は、苗をプランターから植木鉢に移すと、家の中に置きました。冬でも気温5度以下にならないよう、細心の注意を払います。端で見ている妻は、コーヒー好きもここまできたかとあきれ顔ですが、構うことはありません。

こうして手塩にかけて育てること4年。ある春の朝、植木鉢を見ると白い花が咲いていました。

「おお、咲いたぞ!」。喜びのあまり、大声を上げていました。近づくと、ジャスミンのようなさわやかな香りがします。声を聞いた妻もやってきます。妻も

愛情を込めて育てたコーヒーの木。6年がかりで赤い実が収穫できました

なんだかんだ言いながら、温度管理を陰ながら支えてくれていたので、喜びを分かち合ったのでした。

それから数カ月、サクランボのような赤い実がなりました。収穫して果肉を取るとヌルヌルしています。これがパーチメント。乾燥させ、表面に残ったパーチメントを取り除けば、生豆となります。コーヒー産地に行くとすりこぎのようなもので皮を外すのですが、なかなかうまくいきません。「えーい、じれったい」。ゴールはもう目の前。はやる気持ちで内皮の付いた豆を麻袋に入れ、車に乗って麻袋の上を行ったり来たり。タイヤで豆を踏みつけると、思った通り、内皮を効率よく外すことができました（愛する「我が子」に何たる仕打ち、とは言わないでくださいね）。こうして1本の木からできた生豆は、150グラムほどになりました。

最後の一滴までおいしく

コーヒー栽培を思い立ってから6年。いよいよ、一から自分で育てたコーヒーを味わう時がやってきました。口に含むと、ブラジルの豆らしいあっさりとした味が広がります。もちろん、家族や仲間たちにも振る舞いましたが、彼らには少し物足りなかったのでしょうか、微妙な顔をしていました。しかし私はむしろ味よりも感慨深さで胸がいっぱい。最後の一滴までおいしくいただきました。

その後は、一度成功したことで私の熱が冷めたのでしょう。冬の温度管理を怠ったため、コーヒーの木はすっかり枯れてしまいました。北陸でコーヒーを育てるのは、本当に難しいことを身をもって知ったのです。

幻の「六甲マウンテン」

ブルーマウンテンといえば、ジャマイカの高地で生産される高級コーヒー豆ですが、神戸市北部の六甲山で「六甲マウンテン」なる豆を作った男がいます。神戸大名誉教授の安田武司さんです。しかしその六甲マウンテン、本人以外、誰も口にしたことが無いという代物なのです。

安田さんが教授をしていた神戸大農学部は、六甲山に研究用の加温ガラスハウスを持っていました。組織培養を研究テーマとしていた安田さんは、熱帯植物であるコーヒーの研究にも取り組んでいました。

六甲マウンテンの栽培も研究の一環でした。しかし私も経験しましたが、冬に気温が下がる日本でコーヒー豆を栽培するのは簡単ではありません。しかも世話を学生に任せたのがいけませんでした。コーヒーに限らず、植物の栽培は根気が必要です。水は毎日欠かさず、やりすぎても少なくてもだめ。それを学生にやらせると、水を1週間分まとめてやってあとはほったらかし、なんていいかげんなことをするもんだから、すぐにパーになってしまったのです。

それでも彼は毎年栽培に挑み、とうとう収穫に成功しました。とれた実を天日干しし、皮を取り除く作業も自分でやり、「手がボロボロになったよ」なんて嘆いてました。「そんなことで!?」という言葉はぐっとこらえ、彼自身も温室育ちなんだろうなと、勝手に納得していたものです。

結構広いハウスだったのですが、焙煎《ばいせん》して最終的にできた豆はたったの13グラム。コーヒーにすると1杯分です。それで肝心の味は、と尋ねると「今まで飲んだコーヒーの中でもおいしかったよ」と悦に入っています。しかし真偽を確かめようにも、六甲マウンテンはもう無いわけで、本当においしかったのかどうかは謎に包まれたままです。

葉から苗つくるクローン技術

ここまでだと何がしたいのか分からない変な人のようですが、実は安田さん、コーヒーの研究で世界レベルの成果を挙げているスゴイ人物でもあります。それは、コーヒーの「クローン培養」技術です。コーヒーを、種子から育てるのではなく、コーヒーの若い葉の切片をサイトカイニン(植物ホルモンの一種)で培養することで、苗を形成するのです。

クローン技術を用いることで、例えば素晴らしくおいしいコーヒーの木があれば、同じ性質の苗を大量に増やすことができます。病害虫対策や、作付けの簡単な品種を作ることも可能になるといいます。

安田武司神戸大名誉教授

「で、味はどうなの？　普通の豆と比べて」。興味津々に彼に尋ねると、「味を比較する実験はしてないよ」とさらりと流されてしまいました。彼は、クローン培養に成功してしまえば、おいしさには全く興味がないと言うのです。

「だって私が焙煎するよりも、市販のコーヒー豆を買って飲んだ方がずっとおいしいじゃない」。彼のこの言葉を聞いて、私の中で六甲マウンテンの味にも疑問符が付きました。

退官から1年後に訪れると…

そんな彼も退官の日を迎えました。その1年後、愛情を込めて育てたコーヒーの木はどうなったか、見に行かなきゃいいのに見に行くもんだから、彼にとっては残念な結果を目の当たりにしてしまいます。

六甲山の研究所には、コーヒーの木はおろか加温ガラスハウスさえも無くなっていたのです。「俺の人生とはこんなものか」。彼は冗談めかしてこう嘆き、かつての面影が全く無くなった場所にぼうぜんと立ち尽くしたのでした。ちなみに彼についていた准教授はコーヒーではなく、お米の研究に精を出しているそうです。

そうはいっても、安田さんはコーヒーと縁が切れたわけではありません。現在、日本コーヒー文化学会の顧問を務めているほか、金沢大学に「コーヒー学」の講義をしに来てくれています。人当たりがよく、学生にとても人気があります。

ただ、話が専門用語ばかりなのと、途中であっちこっち飛ぶもんだから、難しくて理解できないのが玉にキズ。彼の話を聞いていると、しまいにはこっちの頭が痛くなってくる始末。頭が良すぎるというのも考えものですな。

最高級の味はネコの糞《ふん》から

世界で最も高級なコーヒーをご存じでしょうか。ジャコウネコの糞から採取した「コピ・ルアク」と呼ばれる豆で、1杯5千円以上の値段が付くこともあります。糞から取り出した豆なんて汚い！とお思いの方もいらっしゃるでしょう。なぜ、この豆が珍重されるのかには二つの理由があるとされています。

熟した実を見分ける

一つは、ジャコウネコはよく熟した実を選んで食べること。専門家によると野性のジャコウネコは、熟した実を見分ける能力に優れているとか。もう一つは、ジャコウネコの消化液が豆にしみ込むことで微妙に化学変化を起こし、苦みが抑えられるらしいのです。

我々が飲んでいるコーヒーも、熟した実ばかりを集めたものだと思っていませんか。残念ながらそうではありません。熟した豆を選んで取るのは、それだけ手間がかかります。どこの産地でも未熟な実も熟した実も一度にまとめて収穫されているのが現実です。

世界最上質の「ユピ・ルアク」の“産みの親”ルアック（ジャコウネコ）

大谷石を使った「大和屋」の石蔵＝群馬県高崎市

いろんな熟し方の豆が混ざっていると、多少なりとも味がぼやけてしまいます。「コピ・ルアク」はまさにジャコウネコが厳選した豆の集まりであり、おいしいのも納得です。

ネコの代わりを石が果たす

でも、そんな高価なコーヒー、なかなか手が届きませんよね。そこで私が思いついたのが、「戸室石《とむろ》」を使って豆を熟成させること。熟成度合いがバラバラな生豆を戸室石に入れて3〜6カ月置くと、遠赤外線効果で、未熟な豆だけが熟れ、ほぼ均一で熟成した状態となるのです。

この私の提案を基に実践に移した珈琲店が、群馬県高崎市の「大和屋《やまと》」です。ここは、戸室石と似た「大谷石《おおや》」を使い、コーヒー豆専用の石蔵を、何と5千万円もかけて建てたのです。

豆の焙煎《ばいせん》法も独特。「木炭焙煎」と言って、焼き鳥みたいに炭火で焼きます。炭の煙がドラムの穴から入って、豆に染み込んでいく。熟成させてすっきり、スモーカー効果でコクがでるそうです。

厳選した豆と器

大和屋の平湯正信社長は凝り性なのでしょう。コーヒー豆を求めて世界中の産地を飛び回り、ブラジルやハワイなどに契約農園もあります。私もエチオピアやハワイなどに、ご一緒させていただきました。身長190センチもあり、どこにいても目立ちます。

大和屋さんが変わっているのは、コーヒー豆と共に焼き物を扱っていること。しかもその数およそ1万点。焼き物を買いに来たお客さんに、コーヒーの試飲サービスをしています。厳選した豆に、厳選した器、最高のぜいたくですな。

現在、また一つ計画が動きだしているとか。それはコーヒー博物館の建設。コーヒー評論家の故・伊藤博さんや、老舗喫茶店のマスターが愛用していた抽出の道具、焙煎機などを収集し、後世に伝えようとしているのです。まさに「コーヒーの先達《せんだつ》」の汗の結晶といえるでしょう。

ハワイのコナコーヒーを視察した平湯社長(右)と筆者(左から2人目)

カリタ式は「借りた式」？

コーヒーの味を決めるのは、豆の種類や焙煎《ばいせん》の程度のほかに、もう一つ、大きな決め手となるのが粉砕、抽出の方法です。この分野で日本で最も古いのが１９５８年創業の「カリタ」。カリタ式と呼ばれる3つ穴の抽出器具には、コーヒーをおいしくするアイデアが詰まっているのです。

コーヒーを抽出する器具としては、カリタのほかに一つ穴のメリタ式、円錐《えんすい》形のコーノ式、ハリオ式が有名です。

メリタ式は１９０８年、ドイツの主婦、メリタ夫人が、ろ紙を使ったドリップシステムとして発明しました。その穴を三つにしたのがカリタです。

開発したのは創業者の糸満盛京《いとみつもりきょう》氏。彼は大手コーヒー製造、販売会社で生豆の仕入れを担当していたのですが、ある時、相場で大きな損害を出してしまい、会社を去ることになりました。しかし会社側も、それまでの彼の働き、人柄を認め、独立の資金を貸してくれたそうです。そこで糸満さんは豆ではなく、器具を扱う会社を東京・日本橋に作ったのです。彼いわく、社名はお金を「借りた」から、カリタにしたとか。

この社名については諸説あり、我々コーヒー仲間の間ではメリタ式の一つ穴に、穴を二つ借りて三つにしたから「カリタ」というのが主流で、御子息で現在社長の糸満正俊氏は、カフェフィルターを略してカリタだと言っていました。お金を「借りた」というのは、先代なりのユーモアだったのかもしれませんね。

エキスを集める構造

カリタの特長は穴の数だけではありません。紙のフィルターと抽出器具の間にわずかな隙間を作る突起「リブ」を器の先端近くまで広げ、よりエキスを集めやすくしたのです。

ドリップで抽出する際、注いだお湯は下だけでなく、放射線状に広がります。そのため、紙フィルターが器にくっついて隙間がないと、お湯は落ちるのに時間がかかる。隙間があればスムーズにエキスが下に集まってきて、おいしさが一定になるということを糸満さんは考えました。

家庭では布製のネルは後片付けが面倒だったのが、カリタの登場で、取り扱いの楽な紙フィルターが一気に普及しました。

注ぎ口を工夫したポットを手にする糸満正俊社長。彼の頭の中はさまざまなアイデアにあふれています

糸満《いとみつ》親子の発明は、まだまだあります。電気式のコーヒーメーカーやエスプレッソマシンは、本場イタリアの機械を、日本人向けにすっきりした味わいになるように改良しました。

粉砕器、ポットにも革命

豆の粉砕器にも革命をもたらしました。それまでの機械は豆をつぶすタイプで、豆を砕くとどうしても細かい粒子が出て、それが味を濁らせてしまっていました。そこで彼らは豆を砕く刃の部分に刻みを入れ、なるべく豆の粒度がそろうよう工夫したのです。

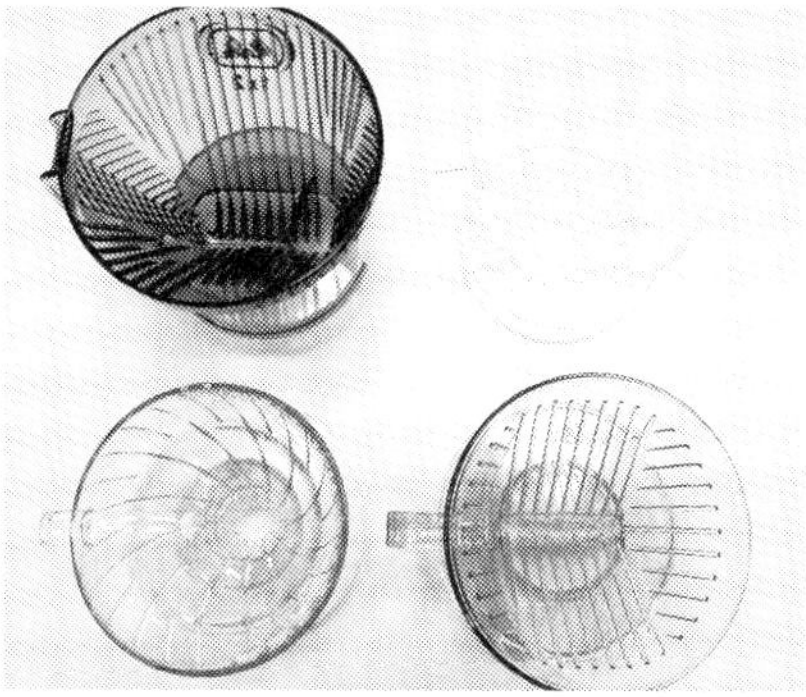

左上から時計回りにメリタ、コーノ、カリタ、ハリオ。コーヒーの味は抽出器具にも左右されます

まだあります。ポットの注ぎ口を工夫し、お湯を放射線状ではなく、すとんと下へ落ちるようにしました。そうすることで、お湯の量を調節しやすく、さらに思い通りの場所に注げるようになったのです。

このほかにも開発した器具の数は数えたらきりがありません。中には、ほかに真似《まね》されるようなこともあったようですが、先代は「いいもんは真似されるんや。そんなこといちいち気にしていない」とあっさりしたもの。小さいことを気にしないのは、大物です。糸満親子の開発魂には、舌を巻くばかりです。

ブレイクタイム1 珈琲博士の発明品

珈琲博士の発明品は数知れず。ここに、博士の発明品の中でも時間と労力を注ぎ込んだ自信作を紹介します。

電子レンジ焙煎《ばいせん》機

電子レンジを改良した焙煎機。ターンテーブルとは逆方向に豆をかき混ぜる棒と、排煙ファンを取り付けている。

遠赤外線焙煎機《えんせきがいせん》

豆を煎るドラムを、遠赤外線を放出するセラミックでコーティングしている。焼きムラがなく、豆にまんべんなく火が通り、美味しく焼き上がる。

過熱蒸気《かねつじょうき》焙煎機

焙煎機のドラムに、過熱蒸気を吹き込んで豆を煎る。従来は酸化作用で焼くのに対し、逆の還元作用を利用する。このため体にいい成分が残る焙煎が可能となる。

第2章　喫茶店行脚

マスターが「出てけー」

私がコーヒーにのめり込むようになった40年ほど前、金沢の中心部に「特別なアメリカンコーヒーを出します」と書いてある店がありました。好奇心がムクムクとわいて「どこが特別なんですか」と尋ねると、「産地が特別なんです」と店主。はて、アメリカンといえば浅煎《い》りのコーヒーのことで、産地は関係ないはずですが…。さらに話を聞くと「産地はアメリカの、とある場所」だと言います。

この一言で、私はすぐに嘘《うそ》を見抜きました。アメリカでは、ハワイを除きコーヒーは取れませんからね。それを指摘すると、店主は顔を真っ赤にして怒りました。一度気になると解決するまで追求せずにいられない、コーヒー屋にとって私は本当にやっかいな客だったと思います。

コーヒー屋のタイプは2通り

金沢で「聖なるコーヒー」と出合って以降、私は全国各地の喫茶店を行脚しました。いろんな店を巡るとコーヒー屋には2通りのタイプがいるのが分かりました。

コーヒーの淹《い》れ方や焙煎《ばいせん》法などを教えてくれて、客と気持ちよくディスカッションするタイプと、自分のやり方を見せたくない、真似《まね》してほしくないというタイプ。しかも、どちらかというと後者のタイプが多いのです。

学者の世界では、何でもオープンにして、話し合って議論を深めていく手法が当たり前なので、正直、戸惑いました。「コーヒーの神様」井上誠氏と出会わせてくれたマスターの紹介で通い始めた、東京・神田の喫茶店のマスターは、まさに後者の典型のような方でした。

ノートを取ると…

そのマスターは焙煎機を徹底的に研究しており、深煎りのコーヒーが特徴の店でした。私は店内でコーヒーを飲みながら、気になった点をノートに書いていました。それに気付いたマスターは、こちらを一瞥《いちべつ》すると「代金はいりません。出て行ってください」と冷たく言い放ちました。

その日はおとなしく帰りましたが、そんなことでめげる廣瀬ではありません。ノートは取らないと約束し、再び通い始めました。

店には立派な1キロ焙煎機がありました。私は焙煎機を自作していたので、装置を見れば、どんな焼き方をしているかは大体分かります。とはいえ、見るだけでは分からない部分もあるので、その都度マスターに質問するのですが、「これはオレのやり方だ」の一点張りで、まったく教えてくれようとしません。

現在でも喫茶店巡りは欠かさない筆者（右）。気さくなマスターとコーヒーについて語り合うのは至福のひとときです（大和屋金沢店）

それでもしつこく通い続けて1年。あれこれと聞いてくる私が最初はうるさかったのでしょうが、次第にうち解けて、マスターも自分のことを話すようになりました。

マスターの表情が一変

それで、私もちょっと気が緩んだのでしょう。「この間行った喫茶店で久しぶりにおいしいコーヒーを飲んだよ」と、思わずほかの店の味を褒めてしまいました。

マスターの表情が一変しました。

「どこがおいしかった」

見るからに怒っています。しまった、と慌てて、「いやー、やや深煎りですっきりしていて、もう一杯飲みたくなるんや」と感じたままを話したのが、さらに怒りを買いました。マスターの売りは、ガツンとパンチがある深煎りですから、それを真っ向から否定した形になったのです。

「出てけー」。あまりの剣幕《けんまく》に、店から放り出されました。さすがにそこまで言われて通い続けるほど私はお人好しではありません。通うのをやめた数年後、店がつぶれたと風の便りで聞きました。

このマスターに限らず、コーヒー屋は本当に一家言《いっかげん》ある人ばかりです。人の意見には聞く耳を持たず、「オレの話を聞け」「これがオレのコーヒーだ」と意見を曲げない。自分のやり方を否定されようもんなら、烈火の如《ごと》く怒り出します。ひと癖もふた癖もある困った人々ですが、コーヒーを愛してやまない彼らがいるからこそ、我々がおいしいコーヒーを飲めるのもまた、事実なのです。

「人間国宝」ビミさんの名人芸

コーヒーと切っても切り離せないのは、全国各地にいる名物マスターの存在。中でも私が尊敬してやまないのが、福岡で、コーヒー通なら誰もが知る喫茶店「珈琲美美《びみ》」を営む森光《もりみつ》宗男さんです。私は彼をコーヒー界の「人間国宝」だと思っています。

彼は「ビミさん」の愛称で通っています。

まず驚かされるのは喫茶店でのいでたち。ターバンのような帽子に、服も異国情緒が漂っています。聞けば、イエメンの民族衣装なのだそうです。

福岡で喫茶店を営むビミさん。帽子や服装からもこだわりが感じられる

ビミさんの淹《い》れるコーヒーはまさに名人芸。芸術の域に達しています。使う豆はエチオピア、イエメン産の「モカ」のみ。生豆を水洗いしてから焙煎《ばいせん》するので、出来上がった豆はつやつやです。

抽出には「ネル」という布製のフィルターを使い、ポットからお湯を点々と落とす「点滴」と呼ばれる方法で、実に丁寧にコーヒーを淹れてくださいます。

工学屋の視点で彼のやり方を見るなら、水洗いしてから抽出する方法は、私の開発した「蒸気焙煎」に少し似ています。

でも彼がすごいのは、私のように焙煎機を開発したり、コーヒーを化学的に分析したりせず、あくまで自然体でシンプルに、おいしい味に仕上げるところ。その才能はまさに、天から与えられたものではないかと考えています。

しかしビミさんは決して偉ぶることはなく、彼を敬愛する人は後を絶ちません。ある九州の焙煎業者も、豆を水洗いする焙煎法を見習っていました。

「抽出は一期《いちご》一会《いちえ》」

ビミさんは私と大違いの無口。普段は黙々と作業に打ち込みます。しかし、時々ポツンと口にする一言が、これまた深いのです。中でも、私の胸に突き刺さった言葉がこれです。

「コーヒーの抽出は一期一会。瞬間、瞬間を大切にしている」

コーヒーは抽出する時、飲む時、それぞれの瞬間を大切にしないと、もう二度と同じ味には出合えないということです。すごい言葉だと思いませんか。なかなか真似できるものではありません。何せ私自身、人間がいい加減なものですから(笑)。

ビミさんの言葉は仕事への真摯《しんし》な姿勢に表れています。彼の喫茶店に行くたび、自分はこれでいいのかと考えさせられるのでした。ちなみに彼は私より七つ年下です…。

彼の味の原点は、海外に移住した叔母が送ってくれたコーヒーの味にあるそうです。幼い頃、彼の舌に刻まれた記憶は彼の店の味になりました。彼が喫茶店を開いた30年ほど前は、アメリカン全盛の時代。それでも彼は深煎《い》りにこだわり、自分の舌を信じて支持を広げてきたのでした。

とはいえ、彼はお金にはまったくの無頓着。たびたび店を休んでは、エチオピアやイエメンの産地を訪ねることを欠かしません。彼の頭はお金もうけよりも、コーヒーのことでいっぱいなのです。

名前を冠した「ムニールモカ」

2010年11月には、私も一緒にエチオピアに行ってきました。第3章で紹介している「幻のコーヒー」を求める旅です(100~105ページ参照)。

現地を案内してくれたエチオピア有数のコーヒー会社「モプラコ」の女社長・エレアナさんもビミさんの人格、生き方にほれ込んだ一人。イエメンのサウジアラビアとの国境近く、ハウラーンで収穫された豆を「ムニールモカ」と名付け、日本に輸出しています。

ムニールとは、現地の言葉で「光」、ビミさんの本名である「森光」の名前からとった、まさにビミさんのためのコーヒーです。

くぅー、うらやましい。エレアナさーん、「廣瀬」の名から1字とったコーヒーも輸出してみる気はありませんか?　なんてことを言うと、海の向こうから「まだまだ修業が足りないわよ」という声が聞こえてきそうです。

店主は陽気な「西郷ドン」

私にコーヒーの奥深さを教えてくださった「師匠」を一人挙げるなら、鹿児島でコーヒー専門店「マリアッチ」を営む安藤和義さんをおいて他にいないでしょう。

安藤さんと出会ったのは25年ほど前。日本機械学会で訪れた先での喫茶店巡りが楽しみとなっていた私は、鹿児島中央駅の近くに白い小洒落《こじゃれ》た店を見つけ「これはこだわりがありそうだ」と廣瀬レーダーがビビっと反応したのでした。


「いらっしゃいませ」。迎えてくれたのは西郷ドンを思わせる体の大きなマスター。カウンターにはドリッパーやミルのほか温度計やはかりが並び、まるで理科の実験室のようです。マスターは、いうならば小学校の先生といったところですかな。ふむふむ、廣瀬レーダーの精度は良好のようです。

話のとっかかりに店名である「マリアッチ」の由来を尋ねると、メキシコ（つまりスペイン語）で結婚を意味するとのこと。なんでメキシコなんだと聞くと、昔船乗りをしていてメキシコへよく行っていたから、という何とも男前な理由が返ってきたのでした。

西郷ドンのような雰囲気を持つ安藤さん

「船内で出るカレーライスに、インスタントコーヒーを入れるとおいしいって仲間に教えられた。それでコーヒーって面白いなって思って、それをなりわいにすることにしたんですよ」

喫茶店のマスターにしては珍しい、ラテン系の陽気なノリ。そんな彼とはすぐにうち解け、コーヒーで分からないことはよく教えていただきました。

「ドームで決まる」が持論

彼の持論は「コーヒーの味、香り、コク、キレなどすべては『ドーム』で決まる」というもの。ドームとは、ドリップで抽出する時、お湯を注ぐとブクブクと盛り上がってくる部分のこと。このドームがうまくできれば美味、豆が酸化するとドームはできず、味も落ちるというわけです。

彼はこういったことを言葉ではなく、目の前で実験をしてみせてくれるのです。「面白い人やなあ」と私の心はあっという間にわしづかみにされました。

私にとって彼は「実験の師匠」です。逆

抽出の際にできる「ドーム」でコーヒーの味や香りが全て決まるというのが安藤さんの考え

に、安藤さんが実験で出した成果を、工学屋の端くれである私が理論付けるなんてこともあったので、彼も私のことを「理論の師匠」と言ってくださいます。こうやって、安藤さんとは互いに高め合ってきたのです。

夢は鹿児島に農園

そんなある時、安藤さんは自分の夢を語り始めました。それは鹿児島にコーヒー農園を作ること。私は金沢でコーヒー豆を育てようとして玉砕しましたが、鹿児島は北陸に比べて気温も高いので、不可能ではなさそうです。「候補の場所がある」というので、下見に付き合うことにしました。

連れてこられた場所は桜島。「ここにプレハブを建てて、この辺りを農園にしようと考えているんだ」と説明する安藤さんのそばに、溶岩流が落ちてきました。驚いて「こんなところでコーヒーは育つん

安藤さんが鹿児島で営むコーヒー専門店

か」と心配したのですが、どうやら彼は本気のようです。

彼はなぜ、困難に立ち向かおうとするのでしょうか。「鹿児島にはもっと苦労して農園を開いた人がおったんでゴワス」と西郷ドンばりに言ったわけではありませんが、きっと彼の中にある薩摩魂がそうさせるのでしょう。

ドミニカへの日本人移民

というのも今から半世紀前、コーヒー園経営を夢見てドミニカに渡り、苦難に立ち向かった鹿児島出身の男性がいるのです。

当時、「カリブ海の楽園」のうたい文句に引かれ、国の移民政策に応じた多くの日本人がドミニカに渡りました。しかし待ち受けていたのは楽園とは程遠い、非常に厳しい環境。多くの人が諦めて集団帰国する中、現地に残ってコーヒー栽培を続けたのが、鹿児島県出身の田畑初《はじめ》さんです。

「廣瀬さん、一度現状を見に行ってみませんか」。2004年、安藤さんに誘われ、田畑さんを訪ねることになりました。田畑さんがいかにご苦労されたか、その物語は、第3章で紹介します（112～114ページ参照）。

96歳の現役店主

２０１１年夏、東京・銀座にある喫茶店の老舗「カフェ・ド・ランブル」に行ってきました。日本の自家焙煎《ばいせん》では草分け的な存在で、当時96歳にして現役の主人、関口一郎さんが、今も自らの手で豆を焙煎しています。

関口さんとの出会いは強烈でした。20年ほど前、名店ランブルに初めて足を運んだ時のことです。注文したコーヒーを一口飲むと、深煎《い》りで私にはちょっと苦く感じました。そこで「砂糖とミルクはありませんか」と申し出たところ、「欲しけりゃ先に注文してください」と冷たく突き放されました。関口さんは、自分のコーヒーはブラックで飲むのが一番と考えているので、砂糖やミルクは注文しないと出て来ないのです。「えー、そんな殺生な」。当時は意味も分からず、面食らったものでした。

彼は早稲田大の理工を出たインテリ。工学屋で、コーヒーに関するいろんな発明をしているという点では私と共通しています。

例えば、低温で抽出する「ランブレッソ」は店の看板メニュー。彼は抽出の時に出る泡は灰汁《あく》だと考え、泡が出ないように抽出するそうです。また、店名のランブル＝琥珀《こはく》を冠した「琥珀の女王」は、シェーカーを使って冷やしたコーヒーにミルクを浮かべ、シャンパングラスでいただくおしゃれなメニューで、真似《まね》する店も多いですよ。

メニューだけではありません。関口さんは抽出の際に「ネル」という布製のフィルターを使っていますが、これが使用後に洗うのが大変。そうすると彼は、ネル専用の小型洗濯機を作ってしまうのです。まさに工学屋の発想です。

常識を覆す「エージング」

一番驚かされたのは、彼はコーヒーの生豆をワインのように10年、20年と寝かせていることです。

すでに第1章でも紹介しましたが、私が考えるコーヒーの賞味期限は、焙煎した場合2カ月程度。生豆の場合でも収穫して数カ月のものを「ニュークロップ」、数カ月から1年程度のものを「カレントクロップ」、1年を経過すると「オールドクロップ」と呼んで区別します。オールドクロップになると、味や香りが抜けてしまいます。

しかし関口さんは、「豆は寝かせると化ける」と言って、豆を貯蔵（エージング）することにこだわります。これだけは私が納得いかない部分なのですが、常識を覆した彼のコーヒーには熱烈なファンが多いのも事実なのです。科学的に解明できない「何か」がそこにあるのでしょう。

ランブルを訪ねたその日、このエージングについて詳しく聞いてみようと思っていました。席に着いて口を開こうとしたまさにその時、「エージングのことが聞きたいんだろう」と関口さん。いやはや、何でもお見通しです。

「最近はろくな豆がないから、エージングしても骨折り損になるんや」。関口さんはかつて、棚に眠っていた豆を焙煎し、あまりのおいしさにエージングに目覚めたそうです。しかし最近は豆の品質が低下しているのが悩み。「廣瀬さん、超音波でエージングできんかね」。やっぱり彼の発想は工学屋です。それにしても96歳にしてこの意欲、どこからわいてくるのでしょうか。

「わしはコーヒーのおかげで長生きしとる」と関口さんは言います。コーヒーにはがんや認知症、肝硬変や骨《こつ》粗《そ》鬆《しょう》症《しょう》の予防など、いろいろ健康にいいと言われており、関口さんはまさに、それを体現していらっしゃいます。

死ぬ気はまったくない

余談ですが、世界には非公認ながら167歳まで生きたハビエル・ペレイラさんという方がいて、コロンビアの切手になっています。長生きの秘策は「くよくよせず、コーヒーをたくさん飲み、うまい葉巻を吸うこと」だそうです。

コーヒーのおかげで、96歳の今も自分で豆を焙煎している関口さん。「わしはまだまだ死ぬ気はまったくない」とおっしゃいます。理由をたずねると「課題があまりにも未解決だ。納得できるまでは死ねない」と言うではないですか。

その課題というのが、先ほどのエージングと、0・2ミリ以下の微粉が出ないよう、豆を粉にする方法を考えること。おいしいコーヒーへの飽くなき思いに、頭が下がります。

手ごし風味の京都「イノダ式」

全国の喫茶店を訪ね歩いた私の印象では、京都の人は濃いめのコーヒーを好みます。逆に東京のコーヒーはアメリカンのように薄めであっさり。うどんやそばのダシとは逆なのです。

京都市に本店がある人気店「イノダコーヒ」も濃いめの味が特徴。中煎《い》りで、やや多めの粉を使って淹《い》れているそうです。

1990年頃、京都を訪れた際に初めて飲み、おいしさに感動した私は、店の責任者らしき男性を見つけ、「布製のネルドリップで1杯ずつ丁寧に淹《い》れていらっしゃるんでしょう」と知ったような顔をして言いました。しかし、その男性は首を横に振ります。

「そう言っていただけるとうれしいですが、うちは大きいサイズのネルを使って、15杯分まとめて手ごししてるんですよ」

「それでこのおいしさを出せるとは」。驚いた私は、その男性とひとしきりコーヒー談議で盛り上がりました。この時対応してくれたのが乙《おと》野《の》裕《ひろし》さん。後にイノダコーヒの専務まで務められた方です。

乙野さんとはしばらくして、日本コーヒー文化学会で再会しました。「あれー、あの時の」。私の正体を知った乙野さんはある相談を持ち掛けてきました。

「うち、手ごしでやっているドリップを機械化しようと考えているんです。廣瀬さん、機械工学をやっていらっしゃるなら、協力していただけませんか」

イノダは京都を中心に東京、広島、北海道と全国に店舗があり、手ごしでは店によって味にばらつきが出るため、それを解消したいとのことでした。

マシン化計画が始動

1999年5月、ネルドリップのマシン化計画が動きだしました。ポイントはイノダの手ごしの味をいかに再現するかです。

コーヒーは、抽出するお湯の温度、お湯を落とす高さ（圧力）、お湯が粉の中にいる時間（滞留時間）などの違いで、ガラリと味が変わります。例えば高温で抽出すると酸味が出て、80度近くでは苦みが際立ちます。その微妙な味を出すため、手ごししたイノダのコーヒーと飲み比べながら試行錯誤を重ねました。

苦労のかいあって2年後、ネルドリップ・マシンが完成しました。手ごしの手順をすべてコンピューター化することで、経験の浅い店員でも、喫茶店の熟練マスターのような味を出せるようになったのです。効率アップ、人員削減にもつながる、夢のマシンです。

ネル・ドリップの風味を再現した機械

今も現役で活躍

2011年秋、久しぶりに京都のイノダコーヒを訪ねてみました。午前中でしたが、店内は朝食を取るお客さんでごった返していました。迎えてくださった荒木康道業務部長によると、安くておいしい朝食とコーヒーを目当てに、近くのホテルの宿泊客も来るそうです。

厨房《ちゅうぼう》をのぞくと、今でも乙野さんが考案したマシンが活躍していました。感慨深いものがありますな。荒木さんは私が開発に協力したとは知らず、驚いておられましたが…。

乙野さんはといえば7年ほど前、63歳で会社を辞め、山梨でカフェをしておられます。八ケ岳の空気に触れながら飲むこだわりのコーヒーもまた絶品ですぞ。

イノダコーヒ本店では筆者(右)が開発に協力したマシンが現役で活躍していました。
左は荒木業務部長=京都市

東京は「洗練された薄味」？

東京のコーヒーは全般的に薄い印象があります。ガツンとした味よりも、さらっと何杯も飲むスタイルが好まれているのでしょうか。中でも薄いコーヒーの代表格と言えるのが、虎ノ門にある松屋珈琲《コーヒー》店代表、畔柳《くろやなぎ》潤さんの出す「スイートコーヒー」です。

蒸らさない

コーヒーを抽出する時は、粉にお湯を注いで蒸らすのが一般的ですが、畔柳さんは蒸らしの作業を行いません。豆も中挽《び》きを使うので、北陸の方が飲むとシャバシャバに感じるでしょう。本人は「料理と一緒。洗練されたコーヒーは薄味なんだ」なんてハイカラなことを言っています。

そういえば、こんなこともありました。私が日本コーヒー文化学会に入ったばかりの頃、当時副会長だった畔柳さんが、「コーヒーを理解するには、食べ物の味を知らんと

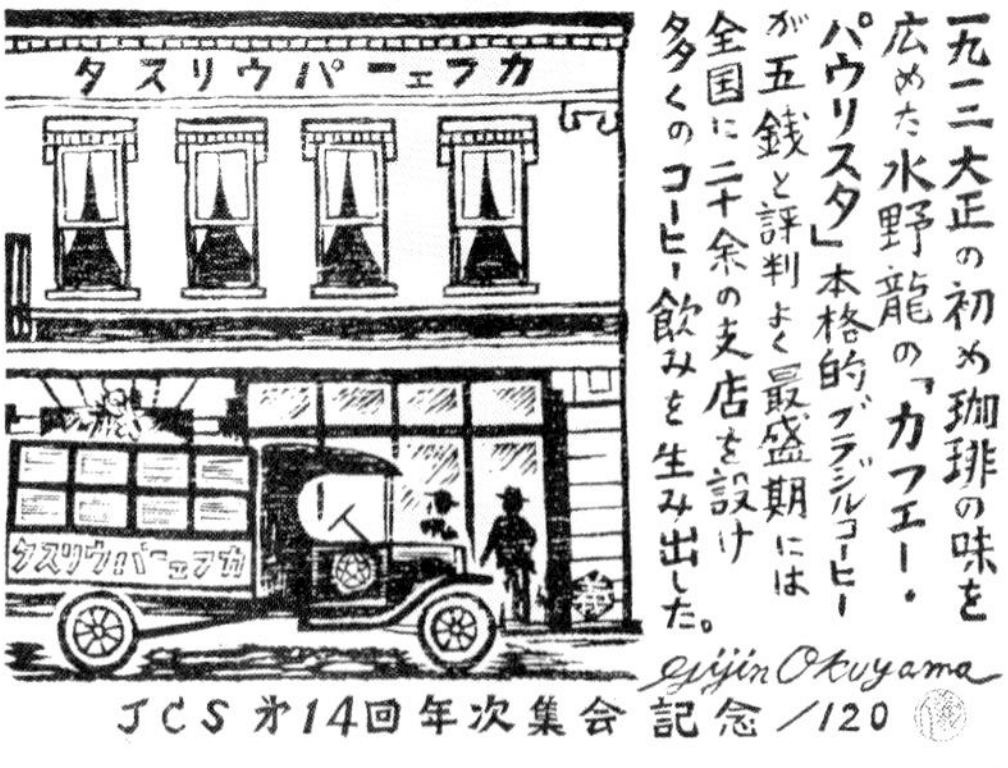

一九一二大正の初め珈琲の味を
広めた水野龍の「カフエー・
パウリスタ」本格的ブラジルコーヒー
が五銭と評判よく最盛期には
全国に二十余の支店を設け
多くのコーヒー飲みを生み出した。
カフェーパウリスタ
Gijin Okuyama
JCS 第14回年次集会 記念 /120

大正期のカフェ・パウリスタを描いた奥山義人氏の版画（日本コーヒー文化学会発行の「珈琲版画集」より）

駄目だ。君は田舎もんだから、うまいものを知らんだろう」と言って、銀座の高級日本料理店に連れて行ってくださることになったのです。

内心は「金沢も負けとらんぞ」と思っていますが、ここはお言葉に甘え、旬の食材を上品に味付けた料理を堪能しました。「どうや」と聞かれ「おいしいです」と答えると、畔柳さんは、それだけか、といった表情に。もっと気の利いたことを言えればよかったのですが、そんなことが2、3回続き、次に連れて行かれたのは安い定食屋さん。「味の分からんやつは、ここで十分や」。確かに十分おいしかったです。

乳飲み子がコーヒーを？

大正生まれの畔柳さんは、親分肌で気っぷのよい江戸っ子です。彼がコーヒー学講座などで話すイントロがまた面白いのです。

畔柳さんは「最年少でコーヒーを飲んだのは絶対に自分だ」と言います。そして小学生？　3歳ぐらい？　と思いを巡らせる受講生をよそに「まだ乳飲み子の時、お母さんが飲んでいたコーヒーの滴《しずく》が口元に落ちてきた。母乳とコーヒーが混ざった、名付けて『カフェ・オゥ・レェ・ママーン』だ」とニヤリ。するとと会場は一気に和みます。

それからは長い経験や外国の文献から得た知識を披露しながら、コーヒーの風味の奥深さを説いてくれます。ただ、気が大きいのに字が小さく、黒板にちまちまと書いてはすぐに消してしまう欠点だけは、何度言っても直りませんでした。話すのがうまいだけに、そこは玉にキズですな。

移民の努力をくんだ大隈重信

彼の父親、畔柳松太郎氏は大正時代、日本にコーヒーを普及させたカフェ・パウリスタの神戸支店総責任者でした。

コーヒー学入門で講演する畔柳潤さん（左）

このカフェ・パウリスタにも、ブラジルに渡った日本人移民にまつわる物語があります。明治中期、水野龍という人がブラジルで日本人移民にコーヒー栽培をすすめ、そのお礼としてブラジル政府から年間百俵のコーヒー豆が贈られることになりました。

しかし当初、茶文化が浸透した日本において、舶来の飲み物は必要ないと輸入は拒絶されました。それを知った大隈重信が、「移民たちの努力を無にはできない」と主張し、1909年、現在の銀座6丁目に喫茶店「カフェ・パウリスタ」が開店しました。以降、各地の盛り場に店が構えられ、大正ロマンが花咲かせたのでした。

これぞ今日に至る日本のコーヒー文化の夜明けです。その由緒ある流れをくむ畔柳さん。彼の淹《い》れる薄味のコーヒーからも、奥深い味わいが漂ってきます。

日本の喫茶店は「上野発」

東京・上野の「三洋電機ビル」の一角に、「日本最初の喫茶店発祥の地」という碑が建てられています。日本人による、日本最初の喫茶店は1888（明治21）年からわずか数年だけ、この場所にありました。その歴史を徹底的に調べ上げたのが、いなほ書房（東京・高田馬場）の星田宏司さん。この碑を建てた張本人の一人でもあります。

星田さんは、「コーヒーの神様」として知られる井上誠氏の著書に出合い、コーヒーの文化史に興味を持ったそうです。コーヒーに関する著書を読みあさるうち、日本最初の喫茶店が上野にあった「可否茶館《こーひーさかん》」、経営者は鄭永慶《ていえいけい》という長崎生まれの人だということを知ったのです。

16歳で米留学

鄭は英・仏・中国語に長《た》け、16歳でアメリカの名門・エール大に留学しました。しかし病気のため、志半ばで帰国。病状が回復

日本初の喫茶店跡地に建てられた記念碑の除幕式。右端が星田氏＝2008年、東京・上野

した後に岡山師範中学校（現・岡山大）の教頭となるも、エール大時代の同窓生が中央で活躍しているのを知り、辞職して上京します。

時は、鹿鳴館《ろくめいかん》時代。外国人を招いての夕食会や舞踏会が毎晩のように催されていました。留学経験のあった鄭は「表面だけの社交場とは違った、庶民や青年のための『広場』を作りたい」と奮い立ち、日本初の喫茶店を開店したのでした。

この理想までは良かったのですが、当時の人々には受け入れられず、経営は赤字続きで数年後に破産。その後はシアトルに密航し、37歳の若さで亡くなってしまいました。いつしか彼の業績や墓は忘れ去られ、誤った記録も散見されるようになっていました。

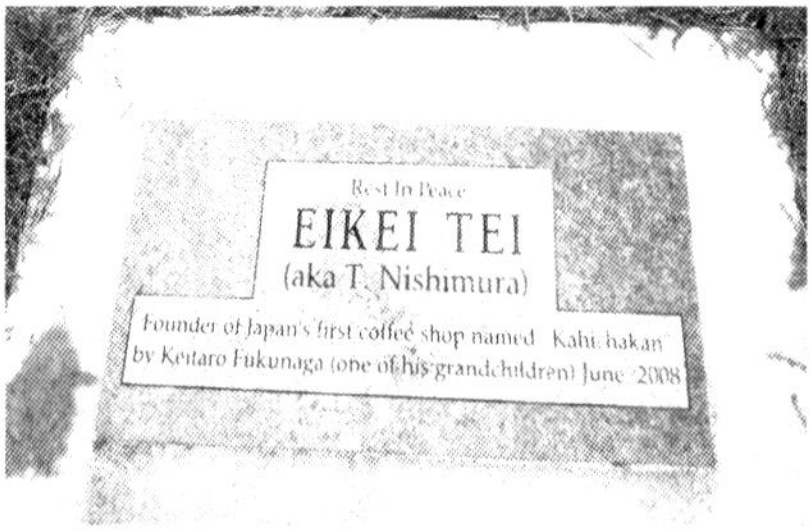

シアトルに新たに建てられた日本初の喫茶店経営者、鄭永慶の墓

視察に乗じて墓探し

星田さんは日本コーヒー文化学会の視察に乗じて、シアトルにある鄭の墓を探しに渡米しました。文化学会なので、もちろん私も一緒です。星田さんは、視察そっちのけで、自分の調査ばかりに時間を割いていたのを覚えています。

墓地に行くというので私も同行しました。到着するとまず、1カ所の墓に人だかりができているのが目に入りました。近づくと、世界的スター、ブルース・リーの墓。いつもなら「おお！」と記念写真でも撮ってしまうところですが、今回は目的が違います。

手分けして付近の墓を念入りに調べました。どれぐらいたったでしょう。「あったぞ」との声。駆け寄ると、「T・N・i・s・h・i・m・u・r・a」と記された墓がひっそりとありました。鄭がアメリカで使っていた名前です。手入れされておらず、墓地の中で取り残されたようになっていました。

「これではいけない」。星田さんが中心となり、喫茶店開店から120年の節目となる2008年、喫茶店跡地に記念碑を建て、墓も新しくしました。

とことん調べる

工学屋の私を含め、コーヒーをやっている人の興味は、ビジネスにつながることにあるように思います。そんな立場からすれば「どこがおもしろいんや」ということを、星田さんはとことん調べます。

奥さんと2人で出版社をやっている彼の名刺の肩書は、CEO（最高経営責任者）。アメリカの国際学会で一緒になった時、彼の名刺を受け取った人が、大企業と勘違いして表情を輝かせたこともありました。

コーヒー学の講義をしてもらえば、自分のしたい話に熱中するあまり、いつになってもコーヒーの話に至らず、8割の学生が寝てしまう始末。でも本人はまったく意に介しません。面白い男です。

ただ、星田さんがいたおかげでこうして今、才能に恵まれながらも不遇な一生を送った鄭永慶に、ようやく光が当たったのは紛れもない事実です。

金沢に輝いた「巨大な星」

金沢のコーヒー文化を語る上で、鞍《くら》信一さんの存在を外すことはできません。1933(昭和8)年、金沢で喫茶店「モナミ」を開業し、名曲喫茶の草分けとして戦前、戦後を駆け抜けてきました。91年に鞍さんが亡くなった時、喫茶店専門誌の元編集長が「不世出の巨大な星を失った」と追悼文を寄せたことからも、影響の大きさをうかがい知ることができます。

鞍さんの喫茶店は、古くは四高生のたまり場で、私の学生時代も金沢大学の学生ら若者が集まってきていました。店内にはいつもモーツァルト、ベートーベンなど趣味の良い音楽が流れていて、鞍さんのクラシック音楽に関する知識の豊富さは、ラジオ番組で解説者をしていたほどでした。クラシックレコードのコレクションも相当で、5万枚を下らなかったといいます。

鞍さんは見た目もおしゃれで「永遠のモダンボーイ」と言われました=1977年

かくいう私も、顔に似合わずクラシック研究会に所属していたことから、情報を仕入れに足を運んでいました。鞍さんはいつも口なめらかにいろんな話を聞かせてくださり、私のような若輩者は、聞き役に徹しているだけでしたが。

マッカーサーに掛け合った!?

先の編集長の追悼文によると、鞍さんは戦前から喫茶店の普及に努め、戦後には連合国軍総司令部（GHQ）によって飲食業が営業停止を余儀なくされた際、「戦争に負けたとはいえ、日本人にもコーヒーを飲む権利がある！」とマッカーサーに掛け合い、営業停止を免れたという「伝説」も残っているとか。

地元では北陸喫茶珈琲学院を設立し、喫茶店の経営者を数多く育てました。喫茶店は、レコードの資料館やホールを備えた「かなざわ喫茶村」として発展させ、金沢市役所の裏で93年まで営まれ、全国に多くのファンがいました。

五木さんは「ローレンス」で直木賞受賞の知らせを聞いたそうです

鞍さんの淹《い》れるコーヒーはやや深めであっさりした味わい。鞍さんの話を聞きながら飲んでいると、思わず2杯、3杯と進んでしまいます。貧乏学生にはコーヒー1杯も決して安くはなく、頻繁に通うことはできません。そんな私が愛用していたのが、木倉町にある「寿苑《じゅえん》」でした（2013年9月に閉店）。

◆雰囲気変わらぬ「寿苑」◆

ここもクラシックを音楽を聴かせてくれるのですが、私が行くと、店の女の子が好みの曲をさりげなくかけてくれるので、とても居心地がよいのです。「モナミ」は鞍さんの世界に染まる感じですが、「寿苑」はお客に合わせてくれます。コーヒーの味も濃く、1杯で何時間も粘れるので、講義の合間を縫って、入り浸っていました。

大学院に入って忙しくなって以降、大学に勤めだしてからもなかなか足を運べなくなり、今に至ってしまいました。最近は外資系のチェーン店の影響で、老舗喫茶店は大変だと聞いていますが、久しぶりに「寿苑」に行ってみると、まだ頑張っていました。店主の奥さんが迎えてくださり、当時と変わらない落ち着いた雰囲気にホッとした次第です。

金沢にはほかにも「ぼたん」「芝生」「郭公《かっこう》」など老舗喫茶店は多かったですが、コーヒーにハマる前の学生時代に通った店といえば、「モナミ」「寿苑」と片町の「ローレンス」ぐらい。当時、通い慣れた感じで書き物をしている男前の男性を見かけました。若かりし頃の五木寛之さんです。

「寿苑」は学生時代と変わらぬ温かい雰囲気でした

大阪で出遭った二度ごし

お腹《なか》がグルグル

大阪のコーヒーは濃く、焙煎《ばいせん》も深めです。

かつて学会のついでに寄った、とある喫茶店のコーヒーも非常に濃い味でした。それまで、コーヒーを飲んで調子が悪くなるなんてことは一度もなかったのですが、店を出てしばらくすると、お腹がグルグル。

おかしいなと思い、もう一度訪ねて、今度はどのように作っているのかを観察しました。すると、あろうことか一度抽出したコーヒーを、同じ粉で再びドリップしているではないですか。つまりは二度ごし。そりゃあ濃いわけです。初めて飲んだので、お腹がびっくりしたんでしょう。でも世の中には、それが好きという人もいるんですな。

丸福では、缶を使って抽出し、ネルでこす珍しい方法でコーヒーを淹れています

缶で抽出する「丸福《まるふく》」

このように濃い味を求める大阪で、ぴりっとくる苦みがたまらないとファンの心をつかんでいるのが、こてこての大阪の中心、ミナミのど真ん中に本店がある老舗「丸福」です。

どのようにコーヒーを淹《い》れているのか教えてほしいと頼むと、快く調理場を見せてくださいました。丸福の抽出法はちょっと変わっていて、缶を使います。

まず、粗めにひいた粉を入れて100度近い湯を注ぎ、缶の底の細かい編み目を通します。さらに布製のネルでこして粉や油分を取り除くのです。丸福は昔からこの方法で抽出していて、一度にたくさん淹れられて便利だそうですよ。

92歳のおやじさん

濃い味の中に、柔らかさを出したのが、難波の「喫茶オランダ」です。全国展開する丸福と違い、ここ1軒だけ。92歳のおやじさんが息子と営んでいました。

味の秘密は豆です。深煎《ふかい》りの豆の中に、浅煎りの豆を5～10％混ぜてあり、店でも販売しています。ちなみに、比率や焼き方は企業秘密だそうですが。

以前、味を再現しようと実験したことがあるのですが、これが、なかなか難しい。真空で焼いているのか、はたまた豆を水洗いしているのか。おそらく、どちらかだと目星を付けているのですが、聞いても絶対に教えてくれません。

そして、これぞ大阪商人という方が経営しているのが、虎のマークの「タイガー珈琲《コーヒー》」です。コーヒーをはじめカレーやトマトソース

喫茶オランダの92歳のおやじさん

などレストランで使う材料を取り扱っています。

社名は、犬童逸士《いぬどういつし》社長が阪神ファンで寅年《とらどし》生まれ、虎のように強い（優しい顔立ちだけど）のが由来だとか。期待を裏切りません。持論は「人間、好き嫌いもあれば裏表もある。物の見方はいろいろやから、どっちかに片寄るよりは、中庸《ちゅうよう》で行くべきや」。

そんな考え方の社長なので、扱うコーヒーも濃くもなく薄くもない真ん中の味。ただ、豆だけはいいものを探しに産地まで足を運ぶ苦労は惜しみません。

「マインドコントロールも大切やで」

彼のところにはブラジル、モカ、ロブなど5種類の豆をブレンドしたコーヒーや、戦中戦後は「代用コーヒー」として流通した大豆（黒豆）を何割か混ぜた珈琲も扱っています。

「タイガー珈琲」の犬童社長は、典型的な大阪の商人です

社長が言うには、コーヒーには味はもちろん、イメージが大事。いろいろ混ざっていると、深みがあって体にも良さそうで、味のハーモニーという宣伝文句も打てる。つまりは、何となくありがたみが増すというわけです。「豆を売るには、マインドコントロールも大切やで」と社長はニンマリ。なるほど、大阪人の商魂を見た気がします。

「おまけ」だけじゃない愛知

愛知県の喫茶店といえばコーヒーというより「モーニング」が有名ですよね。朝、コーヒーを頼むと、トーストやゆで卵、サラダなどが無料でついてくる。主役のコーヒーがかすむほどの豪華さです。愛知の人は、喫茶店を朝食代わりに利用しているのです。

この「おまけ」ばかりに気を取られて、愛知のコーヒーの特徴が語られることはあまりないように感じます。そこで愛知周辺のコーヒーの特徴と、喫茶店について紹介します。

全国の喫茶店巡りを楽しんでいた30年ほど前、愛知のコーヒーは「ドロドロ」している印象でした。さすが味噌カツ文化だけあって、コーヒーもパンチが効いてるなあと思ったものです。でも最近は濃い味が流行《はや》らず、出す店もなくなってきているようですが。

トヨタなどの製造業で知られる愛知は、不況で元気がなくなり、喫茶店の数も減ってきているとのこと。そんな中、お年寄りがのんびりできる憩いの場として人気なのが「カレント」（豊橋市）の経営する喫茶店です。店内にはクラシックが優雅に流れており、名曲喫茶に親しんだ世代にはたまらないのでしょう。

ある時、音楽好きの倉光央二社長が「コーヒーとクラシックを組み合わせたイベントがあれば面白いだろうなあ」とつぶやきました。この、ふとした発言により始めたのが「コーヒーと音楽の夕べ」です。

金沢で取りあえず3回やりましたが、クラシック音楽の演奏とコーヒーに関する講演と、それなりに楽しんでいただけたのではないでしょうか。余談ですが今年はわが愚息もチェロ弾きとして参加しました。

クラシックを聴きながら飲むカレントのコーヒーは、何より香りが抜群。豆の鮮度を重視し、使う分だけ少しずつ焙煎《ばいせん》しているからです。濃いめながら、酸味と苦みのバランスもとれた味は、倉光社長の実直な人柄を表しています。

優しさにあっぱれ

こんなことがありました。米・アトランタの学会に向かうグループで倉光社長と一緒になった時、空港からホテルまで、何でいくか決まっていませんでした。するとメンバーの一人が「タクシーは高くつく。ホテルまでリムジンバスがあるはずだ」と言いました。

口だけ出しておいて、本気で探そうとしないメンバーたち。タクシーなら目の前に停まっていますが、リムジンバスはなかなか見つかりません。旅の疲れもあって早々に諦めムードが漂う中、倉光さんは一人、額に汗を浮かべて探し回ってくれました。そしてようやくバスが見つかり、われわれは無事ホテルにつくことができたのでした。

ホテルに着いた途端、真っ青な顔でトイレに駆け込む人影。倉光さんです。そういえば、バスの中でも冷や汗をかいていたような。お腹《なか》の調子が悪かったのに懸命にバスを探した彼の優しさ、あっぱれです。

倉光さん

◆岐阜にコーヒーの伝道師◆

モーニングなど愛知と似た特徴のある、お隣岐阜県にも触れさせてください。岐阜の山あいで「待《たい》夢《む》珈琲店」を営む今井利夫さんを私は「コーヒーの伝道師」と勝手に名付けました。

研究熱心で、かつ自分のやり方も包み隠さず、気持ちのいいぐらい全部教えてくれます。それどころか、コーヒーのことを分かってもらうための努力を惜しまず、産地の民族衣装を着たり、コーヒーを身近な食べ物にたとえて話したりと、面白さ、分かりやすさという点で、彼の右に出る人はいないでしょう。

店のコーヒーメニューは50種類、ストレートの豆だけでも20種類。どれも彼が産地で納得して買い付けて、自分の責任で焙煎し、粉にしてと、徹底しています。マンデリンならマンデリンの特色をはっきり出すのが彼のやり方です。

私なんか足元にも及ばないぐらい知識豊富なのに、偉ぶったところが一切ない。夜中に急に私が思い立って電話し、ややこしい質問をしても、気持ち良く、明快に答えてくれます。

コーヒーには淹《い》れる人の性格が表れると言いますが、二人のコーヒーがおいしいのは納得です。

震災から立ち上がった神戸

6434人が犠牲となった阪神・淡路大震災から、2012年1月で17年になりました。ここでは、震災で壊滅的なダメージを受けながらも、忍耐と根性で立ち上がった神戸の人気店「にしむら珈琲《コーヒー》店」のことをお話しします。

復帰まで10年がかり

2006年5月、同店の中山手《なかやまて》本店が1年以上の改築を経て新装オープンしました。大震災ではこの本店も含め、阪神地区にあった10店舗が全て大きな被害を受けました。それから復帰までには、10年もの月日が費やされたのです。

阪神大震災から努力で店を建て直した吉谷社長(左)

震災後、一時は廃業を考えたという吉谷博光社長。なぜなら、喫茶店の営業だけで店舗を修復することは到底不可能だったからです。そんな中、吉谷社長に再起を決意させたのは全国のファンの激励、そして、母の背中でした。

忍耐、根性は母の背中から

戦争で父を失った吉谷社長は、母の背中を見て、忍耐、根性を学んだそうです。そもそも「にしむら珈琲店」が創業したのも、戦後間もない1948年。初代の川瀬喜代子さんは、たった5坪、3つのテーブルの小さなコーヒーの露店を始めました。当時、コーヒーといえば、ほとんどが大豆を使った代用コーヒーだった時代に、苦労してコーヒー豆を手に入れ、心尽くしのもてなしで、店舗を拡大させてきたのでした。

この原点があったからこそ、大震災から立ち上がることができたのでしょう。そして、創業時のホスピタリティーは今もしっかりと受け継がれています。

お手洗いに立った客のコーヒーには冷めないよう、ふたをしてくれます

本店は北ドイツ風建築に

最後に建て直した本店は、北ドイツ風の木組みの洋式を継承し、店内は生け花で常に彩られています。客がトイレに立つと、飲みかけのコーヒーにさりげなくフタをしてくれます。にしむら珈琲店は、こういったもてなしを追求し、一時は会員制の喫茶店を設けたほどでした。その店も阪神大震災以降、一般に開放されています。

そして、こだわりは水。全店舗で、コーヒーは六甲山の湧き水を使っているので、さらっとした味わいです。湧き水は何と、タンクローリー車で運び、ポリタンクに入れて各店舗に配送しているそうです。店のケーキも、ヨーロッパで何年も修業を積ませたパティシエが、朝4時からその日の分を作っています。

パワーに圧倒されて

2011年秋、吉谷社長にお会いしてきました。聞きたいことはたくさんあったのですが、予定していた2時間のほとんどを一方的にしゃべられてしまい、次の予定のため、泣く泣く失礼することに。おしゃべりが大好きで、いろんなことを丁寧に教えてくださいました。

私もしゃべるのが嫌いな方ではありませんが、吉谷社長のパワーにはただ圧倒されるばかり。今度はもっと時間のある時に、じっくり話を聞きに伺いたいと思っています。

改築を経て2006年に新装オープンした中山手本店。北ドイツ風の味わいある外観が特徴です＝神戸市

ブレイクタイム2

サイホンの不思議

コーヒーの代表的な抽出方法には、ドリップのほかにサイホンがあります。湯が重力に逆らってガラス管を上り、鮮やかに色づいたコーヒーとなってフラスコに落ちてくる現象は何度見ても不思議で、また優雅なものです。しかし、なぜそうなるのでしょう？　簡単に解説してみましょう。

湯が上がるのは…

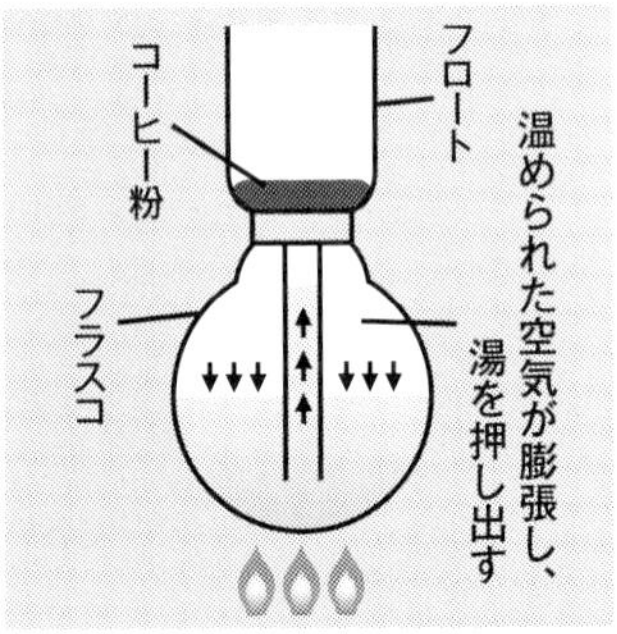

空気は温められると、気圧が高くなり、体積が大きくなります。この原理を応用し、フラスコを温めて中の空気を膨らませ、湯をフロートへ押し出させているのです。熱している間は空気が膨らんだままなので、フロートの湯は落ちてきません。ここで抽出が行われます。

コーヒーが下りるのは…

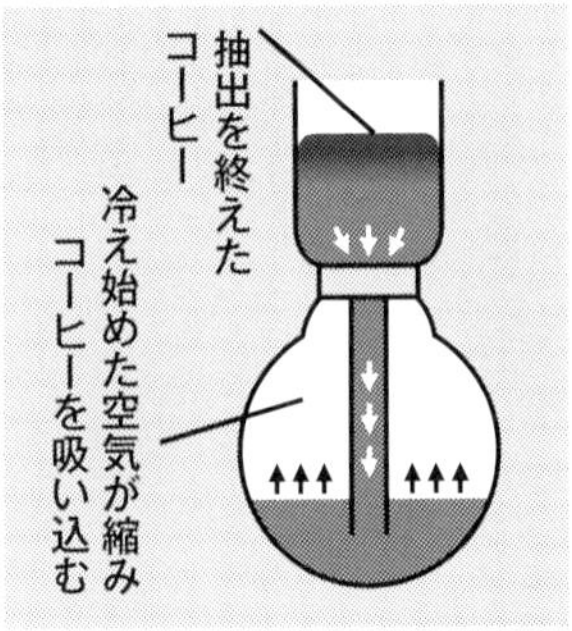

抽出を終えると、フラスコから火を外します。すると、フラスコの中の空気が冷め始めます。膨らんでいた空気は元の体積に縮もうとするため、すき間を埋めようとフロートの液体を吸い込み、コーヒーがフラスコにたまる仕組みです。

第3章　世界コーヒー漫遊記

スラウェシ島の奇習

所変われば品変わるとはよく言ったものです。コーヒーを研究するようになった私は、喫茶店巡りや焙煎《ばいせん》機の開発だけでは飽き足らず、コーヒーの産地をこの目で見たいと世界各国を訪ね歩きました。コロンビア、ブラジル、エチオピア、インドネシアなど、これまでに訪れた国は10カ所以上。各地域には独特の風習や生活習慣があり、まさに驚きの連続でした。

赤道直下のインドネシア、スラウェシ島は、上質なコーヒーの産地として有名で、日本のコーヒー会社の直営農場もあります。私が金沢大学の留学生センター長を務めていたころ、ちょうどこの島出身の学生が金沢大学へ研究に来ていました。島を訪ねる私に、彼は「ホテルに泊まるより、民家に宿泊した方が現地の生活も分かるし、島の人も喜びますよ」と助言してくれました。

というのも、現地のホテルも民家も1泊3千円程度。しかも、その額は現地住民にとっては1カ月分の給料に相当するのだそうです。つまり朝から晩まで働いても1

コーヒー生産工場で働く女性。1日働いても100円程度の給料だそうです

日100円の稼ぎなのです。それを聞いた私は、彼の故郷の村で「民泊」させていただくことに決めました。

島に着いたその足で彼の知り合いのコーヒー農園を見学した私は、夕方ごろにようやく泊めていただく民家に到着しました。家の周囲にはコーヒーの樹が植わっていて、果肉を取った実を天日干ししてあります。村の人々がコーヒー栽培で生計を立てているのが分かります。

なぜ民家でホルマリン？

玄関で40代ぐらいの快活なご夫婦と子供らが出迎えてくれました。一家は5人家族で、奥に病気のおじいちゃんが寝ているそうです。家は日本の農家のような感じで、8畳と6畳ぐらいの部屋が幾つかあり、私には家で一番良い部屋を用意してくださいました。

2日目の夜の出来事です。

鼻を突く臭い《にお》に、思わず目を覚ましました。初日は旅の疲れで眠り込んだため気付きませんでしたが、かいだことのある臭いなのですぐに分かりました。これはホルマリンに間違いありません。なぜ民家でホルマリンの臭いがするのだろう。持ち前の好奇心がウズウズし、懐中電灯を片手に、臭いのする方へ向かいました。ふと、懐中電灯が照らした先に人が倒れています。近づいてよく見ると、腐った皮膚の間から骨が見えているではありませんか。

「ギャー」という叫び声とともに、私は腰を抜かしてしまいました。

何事かと、驚いた家の人が起きて集まって来ました。

「ひ、ひ、人が死んで腐りかけていますよ」

私が震える指で示す方を見て、その家の主《あるじ》は、「あー」といった感じで、

「私の父です」

葬式はお金を貯めてから

病気のはずのおじいちゃんが、どこからどう見ても亡くなっています。

気を取り直して話を聞くと、この地区は葬式をした時点で、人が亡くなるという考え方なのだそうです。葬式が祭りのように盛大なため、遺族は1年でも2年でも、下手すれば10年がかりででもお金をためます。死体はそれまで「病気」という形で家に置いておくのだそうです。

日本では最近、亡くなっても通夜や葬儀を行わず、火葬だけで故人を見送る「直葬」を希望する人がいると聞きますが、この地域では何年もかけて葬式の費用をためています。人の死について、深く考えさせられました。

とはいえ、筋金入りの「恐ろしがりや」である私は、その事実を知ってすぐ、宿を移すことにしました。泊まる家を選ぶ際に、確認しておかなければいけないことはただ一つ。「あなたの家に病気の方はいらっしゃいますか」

村人たちはコーヒー栽培で生計を立てています

おいしい魚がおいしいワケ

海外では用を足すのも一苦労です。私のような男はまだいいですが、日本のトイレに慣れた女性は、さぞかしご苦労されていることと思います。インドネシアのスラウェシ島で滞在させていただいた家にも、トイレがあるにはあったのですが、さすがの私もひるみました。

案内されたトイレには、日本でいう和式のような、しゃがむタイプの便器がありました。しかし肝心の紙がなく、代わりに便器の横に水を張ったバケツが置いてあります。つまり手でふいて、その水で洗えというわけです。泊まらせていただいている身ながら、誰が使ったかも分からないその水で手を洗う勇気はさすがにありません。

困った私は、失礼を承知で「ほかに用を足せる場所はないか」と、家の人に尋ねました。すると、外を指さします。近くを流れる川です。

行ってみると、男も女も関係なく、川に入って用を足していました。朝ともなれば人がずらっと並び、遠くから見ると圧巻の光景です。そこは、ほかの人がいても気にならないくらいの広い川だったので、私も仲間に入れていただくことにしました。

ズボンと下着を脱いで、いざ入水。すると、私の足やお尻をツンツンと突っついてくる生き物がいます。見ると、大きな魚です。どうやら、僕が出したものが彼らの「エサ」になるらしく、用を足すのを待っているのです。

どこかで見た魚…あっ

「どうりで丸々と太っているわけや。こうやって命はつながっていくんやなー」と感慨深く、すっきりと用を済ませました。大自然に包まれて気分は爽快《そうかい》です。

「お前らも達者でな」。川をのぞいて魚たちに呼び掛けると「ん?:この魚、どっかで見たぞ……あっ」思い出しました。昨日の夕食で焼いて出された魚です。「立派やな」といいながら、おいしくいただいたばかりです。煮ても焼いてもおいしいその魚は、私たちの栄養で育っていたのです。何とも妙な気分にはなりましたが、命のつながりをさらに深く感じた次第です。

命といえば、この地域の葬式について触れましたが、それに関連して変わった風習がもう一つあります。

木彫り人形と一緒に

この地域では、一家の長が50歳になったら、木彫り師に頼んで家族そっくりの人形を全員分作ります。お金持ちの一家なら等身大、お金がなければ2分の1、4分の1と小さくしていきます。

地域の墓は、崖《がけ》のようなところに穴を開けて作ってあります。葬儀を終えた骨は、木彫り人形と一緒に葬られるそうです。

帰りの飛行機。隣に座ったイタリア人男性が「これ、いいだろう。珍しいし、きれいだろう」と自慢げに手にしているものを見て驚きました。まさに現地の人が墓に入れる木彫り人形だったのです。

「どこで手に入れた」と聞くと「ジャカルタの店に売っていて、100ドルで買ったんだ」と言います。

高さ20センチぐらいの美しい女性の人形です。きっと貧しい家の主人が、奥さんか、娘さんに似せて作ったんでしょう。心無い人が盗みに入り、アンティークショップで販売されている現実に、ゾッとしました。彼はその事実を知った上で買ったんでしょうか。

「知っとるか、この人形はやな…」

私は人形のいわれを話しました。サーッと青ざめた彼は、持っていた人形を手放すと「よ、よければあげるよ」と言って、そのまま目をそらしてしまいました。私はその人形を有難くいただいて今も大切にしています。

墓穴の中には家族そっくりの木彫り人形があった

幻の豆を求めてエチオピア

2010年11月、10日間エチオピアに行ってきました。目的は「幻のコーヒー」と言われるゴールデンビーンズをこの目で見て、味わうためです。幻といわれるだけあって、果てしない旅でした。

なぜ、私が幻のコーヒーを求めて旅に出たのか。それは私が「コーヒー馬鹿」という理由だけではありません。実は、私は2004年にもエチオピアを訪れたことがあり、その時にゴールデンビーンズの話を耳にしました。その後、私が副会長を務める日本コーヒー文化学会でゴールデンビーンズが栽培される地域を世界遺産にしようという運動が始まり、2009年、5千人分の署名をエチオピア大使館に届けてきました。その運動のリーダーを「廣瀬、お前がやれ」といった感じで、お鉢が回ってきたというわけです。

飛行機、ジープの次は…

日本からドバイ経由でエチオピアの首都、アディスアベバに到着し

ゴールデンビーンズの樹

ました。標高2400メートルの高原にあります。

出迎えてくれたのはエレアナさん。エチオピア有数のコーヒー会社「モプラコ社」の女社長です。前に、コーヒーの公開講座で講師を務めていただいたご縁がある方です。

コーヒー文化学会のメンバーや通訳ら9人の旅。アディスアベバから飛行機で2時間、そこからはジープで、1台がようやく通れるでこぼこ道を8時間、その先に用意された移動手段は、何と馬です。

平坦な道ならともかく、馬に乗って山の斜面を下るというではないですか。しかも標高2800メートルから1800メートルまで下るとのこと。エレアナさんが手際よく馬の手配を進めていきます。その横で私は「ありえんぞ…」と心の中でつぶやきました。

でも、幻のコーヒーが私を呼んでいます。意を決して馬にまたがりました。

黄金色に輝く葉

これまでのハードな長旅にとどめを刺すような馬での移動。同行者は皆、足や腰が悲鳴を上げました。ところが、一番の年長、齢《よわい》70（当時）の私は、何ともありません。

なぜかって？　手前みそになりますが、私が発明した「腰痛ベルト」を巻いていたのが、効果を発揮してくれたのでしょう。あ、宣伝になっちゃいましたね。でも私の発明もたまには役に立つでしょ。

さて、本題に戻りましょう。4時間ほど馬に揺られ、ようやく目的の村に到着しました。村に足を踏み入れると、ふと、太陽に照らされ黄金に輝く葉が目に飛び込んできました。普通、コーヒーの葉は緑色をしています。これこそ、ゴールデンビーンズです。豆も黄金色をしています。長い道のりを経て、ようやく出合った感動から、その木が神々しくさえ感じました。

幻の味はたった一口

この村のコーヒーはエレアナさんの会社が買い付けて販売しているそうです。土着の人以外が訪れるのは年に1、2度しかないそうで、我々はいたく歓迎を受けました。

早速「幻のコーヒー」をエチオピア式のコーヒーセレモニーで味わう機会を作っていただけることになりました。時間をかけて生豆を炭火で熱した鉄板で煎《い》り、挽《ひ》きたてを淹《い》れてくださいました。

いよいよ、私の前に幻のコーヒーが置かれました。はやる気持ちを抑えて、まずは香りを楽しみました。素晴らしいです。そして口に含むと、酸味と苦みがすっと消え、さわやかな後味です。

「こりゃ、うまい」

もうひと口と、コップに口を付けようとすると、「ストップ」とエレアナさん。

「それ以上飲むと、お腹を壊すかもしれません」

「えー、そうなの」

このあたりの水は、日本で暮らす我々のお腹には合わないのです。隣で一気にコーヒーを飲み干した同行者は、案の定、後ほど大変なことになっていました。

その土地で味わう、たった一口の感動、これぞまさに「幻のコーヒー」ですね。

樹齢70年、長生きする木

「幻のコーヒー」、ゴールデンビーンズを探し求めて私が訪れたのは、エチオピアのジェルジェルツー地域といって、コーヒー発祥の地と言われています。

2004年、この地域でとてつもなく立派に成長したコーヒーの木を見ました。「でっかい木やなあ」。感嘆の声を上げていると、ガイドが信じられないことを言いました。「樹齢200年ですよ」「何と！」。

通常は20年で実が減る

通常、コーヒーの木は植えてから15～20年で切ってしまいます。幹の太さは円周10センチほど。それ以上育てても、実りが少なくなるばかりだからです。ところが、目の前の幹は円周が80センチほどあり、高さは10メートルに達していました。樹齢何十年の木は、この地域にはざらにあるらしいのです。

樹齢200年の木にも、確かに実が付いていました。しかし、当時はさっと見るだけで、「幻」と言われるコーヒーを味わうことはできませんでした。だからこそ、再び、ジェルジェルツー地域に訪れたのです。

今回馬に乗って訪れた、ジェルジェルツー地域にあるワユ村のゴールデンビーンズの木は樹齢30〜70年のものが多いとのことです。収穫作業を見学に行くと、信じられませんが、本当に実がたわわになっていました。木が大きく成長しているため、村人はラーダーと呼ばれる、木で作ったはしごを使い、実を取っていました。

奇跡の理由

樹齢70年…。よく考えると、私と同い年じゃないですか。人間に置き換えると、すごさが分かります。「お前ら、頑張っとるな、すごいな」と思わず声を掛けてしまいました。さすがに、「私も頑張らんなんな」とは思いませんでしたが、ただただ、目の前に広がる奇跡の光景に、驚くばかりでした。

「それにしても、なんでやろう」。やっかいなことに、私は気になり出したら止まらない性分です。周囲を観察しながら、奇跡の理由をいろいろ考えてみると、思い当たるところがありました。

金沢の医王山の土壌とよく似ていたのです。赤みがかった土、穴があいた岩、それらに含まれた豊富なミネラル分が溶け出しているのでしょう。エチオピア以外のコーヒー産地に対し、ミネラル分が格段に違うことが、長生きでおいしいコーヒーの木を育てている。私はそう考えます。

幻の豆を焙煎《ばいせん》

現地のコーヒーセレモニーでは、水が合わず、十分に味わうことができなかったゴールデンビーンズですが、お土産にいただくことができたので、現地を案内してくれたエレアナさんの会社で、淹《い》れてもらうことになりました。

エチオピア入りしてすぐ、首都アディスアベバにあるエレアナさんの会社に立ち寄った時、15年ほど使っていない焙煎機があるので見てほしいと言われていました。プロバット焙煎機という、最高の味を作り出してくれる機械ですが、使い方が分からずに放置され、宝の持ち腐れになっていたのです。

豆のカスを掃除し、煙突部分を改良すると使えるようになりました。その機械で、村から持ち帰ったゴールデンビーンズを焙煎して味わったコーヒーは、最高でした。これまでいただいた中で、ナンバーワンです。

背の高い木は、ラーダーと呼ばれる木のはしごを使って収穫します

それだけに残念なのは、「モカコーヒー」としても人気の高いエチオピア産のコーヒー豆が、残留農薬問題の影響で輸入が難しくなっていることです。素晴らしい味の記憶をしっかりと舌に刻み、帰路に就いたのでした。

イエメンで知った初めての味

コーヒー豆がどのようにできるか、ご存じですか。

コーヒーの木になるのは、サクランボのような赤い実です。皮と果肉、そしてヌルヌルとしたパーチメント（内皮）を取り除き、乾燥させた生豆を焙煎《ばいせん》すると、おなじみのコーヒー豆が出来上がります。木で乾燥させてから豆を採取する方法もあります。

いずれにしても、焼いた豆を粉にし、抽出して味わうのが現在の「常識」となっていますが、どこに行ってもこの常識が通用するとは限りません。以前、アラビア半島南部のイエメンを訪れた時のことをご紹介しましょう。

これがコーヒー？

イエメンの首都、サヌアの空港に降り立つと、出迎えてくれた現地のガイドが早速、私を喫茶店のような所に連れて行ってくれました。もちろん注文はコーヒーです。

コーヒーが栽培される一帯

長旅で疲れ切っていた私は、どさっと腰を下ろすと、喜々としてカップを口に運びました。すると、口に広がる感覚がいつもと違います。

「なんじゃこりゃ。薬を飲んどるみたいや!」

ちょうど、風邪をひいた時に飲む、葛根湯《かっこんとう》のような味がします。注文を間違えたのかとガイドを見ると、澄ました顔で同じ飲み物を味わっています。どうやら、この場で間違った反応をしているのは私のようです。

「これがコーヒーなの?」

驚く私にガイドは「もちろんです。我が国は、コーヒー飲用のはじまりの国ですから」と説明しました。そうです。イエメンは、コーヒー発見の伝説が残る地なのです。その話は次回詳しくご紹介するとして、今回は彼の言葉の意味と、私が飲んだものの正体から話を進めましょう。

コーヒーの実は石臼で果肉と豆に分けられる

たっぷりの砂糖を入れて

なぜ、いつもの味と違ったか。それは、このコーヒーが豆ではなく、果肉部分を煮出したものだからです。

果肉と一緒にカルダモン、グローブ、シナモン、ジンジャーといった香辛料を煮て、たっぷりの砂糖を入れて味わいます。初めて口にした時に薬のような味がしたのは、私が何も入れずに飲んだからでした。試しに砂糖とミルクを入れてみると、インドのチャイ（甘く煮出したミルクティー）のようで、これはこれで美味でした。

現地では豆の部分はブン、果肉はギシルと言うことから、このコーヒーは「ギシルコーヒー」と呼ばれ、イエメンではむしろこちらが日常的に飲まれています。コーヒー豆の方は、ほとんどが輸出に回されているそうです。

漢方薬の成分と同じ

栽培場所は標高1800メートルほどの所にありました。目の前に、輪島市の千枚田を果てしなく広げたような段々畑が広がり、コーヒーの木が植わっていました。ミネラルや水分を効率良く取り入れるために、この形状をしているそうです。スーク（市場）を訪ねると、果肉部分を乾燥させたギシルがいたる所で売られていました。これがイエメンのコーヒーの常識なのです。

コーヒーは、古くは果肉部分を薬や眠気ざましとして使ってきた歴史があります。東京薬科大の岡希太郎名誉教授も、自著でギシルコーヒーを「漢方の五味五薬と同じ成分」と指摘しています。嗜好《しこう》品になったのは、それより後のことなのです。ガイドの彼が言った、「コーヒー飲用のはじまり」の言葉にもあるように、イエメンでは、昔ながらのコーヒーを今も味わい続けていたのでした。

スーク（市場）では果肉が売られている

コーヒー発見伝説

コーヒーが「発見」された伝説の地としては、エチオピア説とイエメン説が有力とされています。現在も、それぞれが「我が国こそが伝説の地だ！」と主張しています。

イエメンを訪ねた私は、その伝説の一つが残る場所に足を踏み入れました。

話を進める前に、まずは二つの伝説の大まかな内容をご紹介しておきましょう。

眠らないヤギと巡礼の男

まずはエチオピア説から。15世紀半ば、エチオピアの牧人が、放し飼いにしているヤギの様子がおかしいことに気付きます。夜になっても眠らずに飛び跳ねているのです。それを聞きつけた修道士は「きっと特別なものを食べているに違いない」と牧場近くを探し、食い荒らされた木の実を発見。修道士は夜のお祈りの際にその実を煎じて飲み、眠気を抑えることに成功したという筋書きです。

そして最も有名なのが、イエメンのオマール伝説です。13世紀後半、巡礼の旅をするオマールが、スシャデリ師の霊の言葉に従いモカの街を訪れると、王女が流行りのペストを患っていました。オマールは王の頼みで熱心に祈りをささげ、そのかいあって王女は見事回復します。オマールは美しい王女を妻にしたいと申し出ますが、王はそれを許さず、オマールは山へと追い出されてしまいます。

山には草木のほかに食べ物はありません。オマールは自分の置かれた状況を嘆き悲しみ、師の霊に向かって叫びました。その瞬間、目の前の木にきれいな鳥が止まり、その実を取って煮ると、おいしくて香りの良い飲み物となりました。これがコーヒーだったという伝説です。

紅海の小さな港町

このスシャデリ師がいたとされるモスク（寺院）がモカ港の近くに残っていると聞いて、2004年のイエメンの旅の途中に立ち寄りました。「モカコーヒー」として現在でも有名な名を冠した港にしてはひっそりとしています。

モカ港は紅海に面する小さな港町です。かつてアラビアで産出されたコーヒーはこの港からヨーロッパを中心に輸出されました。

コーヒー伝説ゆかりのモスク

一時は隆盛を極めた港町ですが、コーヒー栽培がほかの地域にも広がったことなどから、衰退の道をたどったとされています。

モスクでは、当時も礼拝が行われていました。コーヒー伝説ゆかりの場所が「現役」で人々の生活に溶け込んでいる光景を目の当たりにし、「やっぱりイエメンが発見の地かな」などと勝手にイエメン説に肩入れしながら、あれこれ思いを巡らせました。

近くの砂浜にコーヒー商館の跡があり、繁栄した時代の面影を残していました。

ゴミのなかからお宝が

ふと商館の脇に、商館で使われていたであろうゴミ捨て場のような場所を見つけました。これは、何か「お宝」が見つかるかもしれません。何しろ、コーヒー伝説ゆかりの地なのですから。

砂を掘り返してみると、コーヒーカップの破片のような陶器が次々と出てきました。おそらく、輸送の途中で割れたものなどを処分したのでしょう。陶器にはきれいな模様が描かれています。

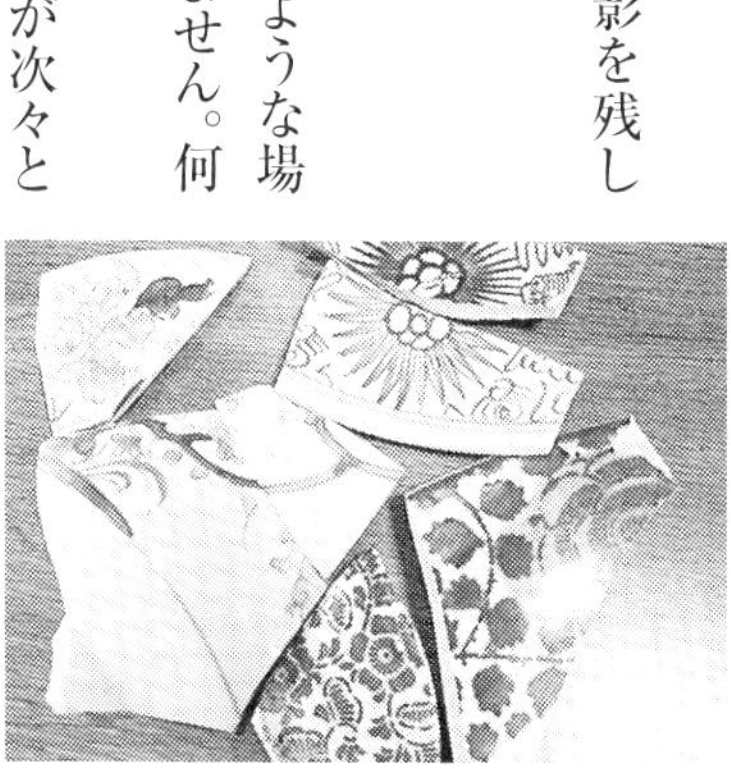
コーヒー商館の跡地で見つけた陶器のかけら

「これは…」

モカ港が栄えたのは17〜18世紀ごろ。19世紀半ばには加賀の豪商、銭屋五兵衛が海運業で栄えた時代を迎えます。時代は少しずれますが、もしかしたら、密貿易を盛んに行った五兵衛なら、コーヒーを輸入したり、陶磁器のカップを輸出したかもしれません。この商館のゴミの中から、もしかしたら古九谷が出て来るかも…、と私は見ています。この廣瀬説、いかがですか?

ドミニカに残った日本人移民

2004年、鹿児島でコーヒー専門店を営む安藤和義さんと私は、ドミニカを訪ねました。半世紀前、コーヒー園経営を夢見てドミニカへ渡った日本人のうち、現地に残ってコーヒー栽培を続ける鹿児島出身の田畑初《はじめ》さんが今どうしているのか、見に行くことになったのです。

打ち砕かれた夢

1950年代後半、「カリブ海の楽園」を夢見てドミニカに移住した日本人の夢はあっけなく打ち砕かれました。ドミニカ移民訴訟として話題になったので、ご記憶にある方もいらっしゃるでしょう。ドミニカへの移住は当時、日本政府が国策として希望者を募りました。広大な農地が無償で分配されるとあって、全国から249家族、1319人が現地へ渡りました。この中には、石川県の5家族も含まれていたそうです。

しかし着いてみると、そこは石だらけの荒れ地。水道や電気もなく、農耕地は所有権が認められないなど、「楽園」とは懸け離れた「地獄」だったのです。この移住は「戦後移民史上、最悪のケース」とも言われています。

その後、移民の失敗に気付いた日本政府が集団帰国などの対策を進めましたが、田畑さん一家は現地に残ることを選びました。

ドミニカに着くと、田畑さんのコーヒー園がありました。そこへ「よくぞおじゃったもした」と、真っ黒に日焼けした小柄な男性が現れました。田畑さんが、鹿児島弁で出迎えてくださったのです。当時85歳でしたが、非常にお元気そうに見えました。

入植当時の話を伺うと、田畑さんはある場所にわれわれを案内しました。そこは、コーヒーの木が植わった斜面。ちょっと土をめくると、石灰岩が見えました。

「日本を出発する前に見た募集要項では、コーヒーの木は植え付けてあって、あとは管理するだけと書いてあったんですがね」

田畑さん一家は、第1次入植者としてコーヒー園経営を目指す57家族、315人の仲間たちとハイチとの国境に接するアグアネグラ入植地に移住しました。しかし、この場所に残った日本人は、田畑さん一家のみとなりました。

耕作地は標高1200メートル

当時、用意された土地は石だらけでしたが、確かに石の少ない所を選んでコーヒーの木が植えてありました。しかしこれらの木は、隣国のハイチ人が植えたもの。このハイチ人を追い出すため、ドミニカが日本人入植者を受け入れたことが、この時初めて分かったそうです。しかも田畑さんに割り当てられた土地は標高1200メートルの山の斜面、コーヒーの木は1本も植えられていませんでした。

「どうしてこの場所に留まろうと決めたんですか」と尋ねると、「また別の場所で新たな苦労をするより、残った方がいいと思った」と田畑さん。結果としてこの決断は正しく、田畑さんはこの地を出て行く人々の土地を買い、コーヒー農園を経営することができたのでした。

田畑さんの農園で育った豆は、小粒ですが、緑が均一のとてもよい豆でした。その豆で淹《い》れたコーヒーは深い香り、作り手の人柄を表すような透き通った味わいで、最高級品と言っても過言ではないほどの出来栄えでした。

隣で安藤さんも「これはすごい」とうなっています。そして興奮しながら「この豆を鹿児島で売りたい」と交渉を始めました。

「日本で売ってくるっとか」。ふるさとの鹿児島で自分の育てた豆を売ってもらえることを、田畑さんはとても喜んでいました。

半年後、田畑さんの豆は「タバタ・ファーム・スペシャル」と名付けられ、安藤さんの店をはじめ鹿児島県内の喫茶店やスーパーで扱われるようになりました。

時代に翻弄《ほんろう》されながらも、たった一人で道を切り開いてきた田畑さんの姿に、襟を正される思いになりました。

2004年、ドミニカを訪ねた際の田畑さん(中央)。右は安藤さん、左は筆者

コーヒーブームにわく韓国

日本で韓流《はんりゅう》ドラマやK-POPが人気の韓国。2011年11月下旬、その韓国でコーヒーショーが開かれました。生豆やインスタントコーヒー、レギュラーコーヒー、焙煎機《ばいせん》、抽出機、お菓子などコーヒーに関するあらゆる業者が参加した見本市です。韓国の若者の間ではコーヒーが空前のブーム。ショーには4日間で4万5千人もの来場があったそうです。私も行ってきました。

大きさ2倍であっさり

空港に着くと、ショーに向かう前にまずはカフェで一杯いただくことに。注文すると、日本の2倍ほどある大きなカップに入ったコーヒーが出てきました。味はエスプレッソをお湯でのばした感じで、メニューには「アメリカーノ」とありました。

現地での通訳を引き受けてくれた私の友人、キムさん（崇義女子大副教授）によると、韓国では、日本でいうところのレギュラーコーヒーではなく、この「アメリカーノ」と、エスプレッソをミルクでのばした「カフェオレ」が主流なのだそう

大勢の若者らでにぎわうコーヒーショーの会場＝ソウル市内のホテル

です。韓国料理は刺激が強い分、飲み物はあっさりした味が好まれているのでしょうか。

スター気分でサイン

ショーが開かれたのはソウルの一流ホテル。会場は熱気ムンムンです。

早速会場を一回りしていると、見知らぬ男性が声を掛けてきました。どうやら私のことを知っている様子。男性は手にしていた本を私の胸の方に突き出し、何か訴えています。「あなたのサインしてほしいみたいですよ」とキムさん。よく見ると、彼が持っているのは私の著書でした。

韓国にはコーヒーに関する技術的な著書が少なく、拙著が翻訳されてキムさんの勧める崇義女子大や、高句麗大、バリスタの養成学校や専門学校で使われているそうです。キムさんがにっこりと指さす先には、この連載「珈琲博士」のコピーも貼ってありました。いやはや、うれしいやら恥ずかしいやら、スターになった気分でサインをさせていただいた次第です。

韓国スペシャルティコーヒー協会のソン会長(左)

日本の2倍売れる

日本からは焙煎機の大手、富士珈機《こうき》が出展していました。福島達男社長によると、韓国での売り上げは日本の約2倍。韓国ではコーヒーブームなのはもちろん、自分の店で豆を焙煎するカフェが多いのも、売れる理由だそうです。

今や韓国のカフェの数は10万店。その勢いは、昭和40年代の日本を見るようです。その日本は現在、喫茶店数はピークの半分ほどの8万店になっています。

なぜ、韓国でこれほどコーヒーが人気なのでしょう。韓国スペシャルティコーヒー協会長のソンさんは、要因の一つに「caffe bene(カフェ・ベネ)」の存在を上げました。人気女優・ハン・イェスルを起用した「スター・マーケティング」により、彼女主演のドラマのロケ地になるなど2008年の1号店誕生からわずか数年で急成長を遂げた人気店です。

韓国ではファッション感覚?

韓国の若者は、コーヒーを嗜好品《しこう》というより、ファッション感覚で楽しんでいるようです。カフェでコーヒーを飲んでいるのがオシャレ、つまり見た目を何より重視しているのです。

それでも日本の若者を思うと、韓国のコーヒー人気はうらやましい限りです。そう水を向けると、ソン会長は複雑な表情を浮かべます。「韓国人は熱しやすく冷めやすい。流行のスピードがものすごく速いんですよ。このブームがいつまで続くか…」。韓国のコーヒー業界にとっては今が正念場のようですな。韓国にコーヒー文化が根付くことを願うばかりです。

ブレイクタイム3 多彩な味の表現

コーヒーの味を表現する言葉は**「おいしい！」**だけではありません。豆の産地や焙煎《ばいせん》も多種多様にあるので、味を評価する言葉も実に多彩です。**「この感動、おいしさをもっと詳しく伝えたい」**と思ったら、左記の言葉を使ってみては？ ただし、印象の悪い言葉を並べ立てないように！

評価用語

フレグランス・アロマ（口に入れる前の香り）

良い評価	悪い評価
優しい、きれいな、華やかな、心地よい、花のような	枯れた、青臭い、発酵した、カビくさい、土っぽい

フレーバー（口に入れた後の香り）

良い評価	悪い評価
チョコレートのような、バニラのような、ハーブのような	際立った特徴がない、平坦な、平凡な、どこにでもある

アフターテイスト（後味）

良い評価	悪い評価
長く続く、響きわたる、まろやかな、フレッシュな	渋みを感じる、すぐに消える、ざらついた、汚れた

酸味

良い評価	悪い評価
華やかな、明るい、鮮やかな、オレンジのような	きつい、刺激のある、酢のような

コク

良い評価	悪い評価
バターのような、スムースな、きめ細やかな、滑らかな	水っぽい、薄い、軽い

バランス

良い評価	悪い評価
酸とコクのバランスが良い、調和している、安定した	酸がきつい、重い、水っぽい、薄い

クリーンカップ（澄み具合）

良い評価	悪い評価
きれいな、透明感がある、澄んでいる、汚れがない	濁っている、土っぽい、ほこりっぽい、カビっぽい

甘味

良い評価	悪い評価
ハチミツのような、果実のような、完熟した	平坦な、熟していない、弱い

総合的な評価

良い評価	悪い評価
素晴らしい、優れた、複雑な、上品な、バランスの良い	貧弱な、抵抗のある、飽きる、何の変哲もない、単純な

堀口俊英監修『珈琲のすべてがわかる事典』などを参照

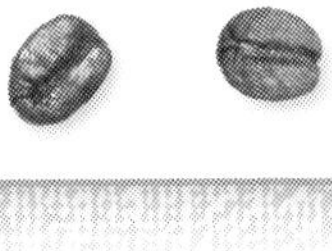

第4章　コーヒー学のススメ

会長視察の日に「大失態」

一口にコーヒーといっても、私のような工学的な見地はもちろん、文学、政治、経済、歴史、国際、農学、医学、理学など、さまざまな視点で論じることができます。これなら大学でも立派な授業になるゾ、と1997年2月に金沢大学でスタートさせたのが、全国で唯一、文部科学省認定で単位も取れるコーヒーの授業です。その直後に市民向けの「公開講座」、2009年からは北國新聞文化センターでのインストラクターや鑑定士の養成講座を開講することができました。

今でこそ「コーヒー学」は徐々に浸透してきましたが、軌道に乗るまでは山あり谷ありの道のりでした。

コーヒーを授業に、と思い立ったのは北國新聞朝刊で「コーヒー天国」を連載したのがきっかけでした。その後コーヒーに関する本を何冊か書いて、そこそこ評判が良かったので、勢い付いてしまったわけです。しかし、大学でコーヒーの授業をやろうなんて前代未聞の提案に、周囲の先生方は賛成ばかりというわけではありませんでした。

当時、私は金沢大学の学生部長で、次年度の科目を決める一翼を担っていました。すると時の文部省が、学生に職業観を身につけさせる「キャリアプラン」をやってくれないかと言ってきました。私は

「しめた」と思い、キャリアプランをやりますと返事をする時、一緒にコーヒー学のことも学内で提案し、許可を取り付けたのです。こうしてめでたく、コーヒーの授業が開かれることになりました。

何のことはない、ふたを開けてみれば150人の定員に750人の応募がある人気講座となりました。日本コーヒー文化学会長の小林章夫上智大教授や、農学系では神戸大の安田武司名誉教授、経営面で京大大学院の辻村英之准教授らを講師に迎え、おいしいコーヒーのように、深く濃い内容となっています。

全国8つの大学と連携

大学での授業が評判になると、市民向けにも何かやってほしいという声が聞こえてきました。そこで翌年から、全国の八つの国立大学と連携し、毎年市民向けの公開講座を始めることになり、これまで北海道から沖縄まで全国津々浦々で行いました。

この公開講座は社団法人全日本コーヒー協会からの助成金で成り立っているのがミソなのですが、ある大失敗が原因で存続の危機に立たされたことがあります。今思い返しても、ゾッとします。

公開講座を始めてしばらくたったころ、複数の大学を衛星通信で結び、講座をやってみようということになりました。初回は横浜国立大学を主会場に、茨城大学、鹿児島大学、金沢大学をつなぎ、約1500人が同時に講義を受けることになっていました。

すると、主会場が東京に近いこともあり、コーヒー協会の長谷川浩一会長（当時）をはじめ役員の皆様方が視察に来ることになりました。

当日はあいにくの雨。しかし、会場はほぼ満席を予定していたので安心していました。ところが開始時刻になっても、席は半分足らずしか埋まりません。実は、会場の案内がうまく行き届かず、参加者が構内で迷っていたのです。チラッと長谷川会長の方を見ると、眉間にしわが寄っている気が…。

冷や汗がたらたらと

各地を衛星で結んでの講座ですから開始を遅らせるわけにもいかず、予定通り講義を始めました。すると、金沢大学を除く2大学から「衛星通信が届かない」との連絡。一段落して回線をやり直してもらうと、今度は茨城大学だけにつながる、といった具合で、どうやっても一つの大学としかつながりません。こちらは、もう冷や汗ものです。心なしか会長の眉間のしわが深くなったような気がします。

結局4大学をつなぐ試みは大失敗。受講した皆様には本当に申し訳ないことをしました。協会役員を前にこれだけヘタをこいたのですから、「助成金打ち切り」も覚悟しなければいけません。そうなれば、公開講座を続けるのは不可能です。

ここは、あれこれ言い訳しても仕方がないと、意を決して会長にあいさつに行きました。すると意外にも怒った様子はなく、それどころか「失敗は気にするな。これはやるべきことじゃないか」と力強いお言葉。命拾いした思いでした。

とはいえ、この大失態は協会の記念誌にも掲載され、今も語りぐさとなっています。

現代人は疲れている！

私のひそかな自慢の一つは、全国47都道府県、知らない土地はないというくらい、各地を訪ね歩いていることです。これも、「コーヒー学」の公開講座を始めたおかげでしょう。せっかく全国のコーヒー愛好家の方々と交流できるのですから、この機会を利用しない手はありません。私は公開講座の参加者にアンケートを実施し、日本人がどんなコーヒーを好むか、調べることにしました。

好みの味を数値化

公開講座に行くと、必ず参加者全員にコーヒーを振る舞います。地元のコーヒー店の協力を得て、モカならモカだけを全員同じ味で提供していただくわけです。そして今日のコーヒーはどうでしたか、というアンケートです。

コーヒーを飲んだ感想を、酸味や苦み、甘み、すっきり感、キレ味、コクなど14項目に分けて、5段階で答えてもらいます。例えば、飲んだコーヒーの酸味が強いと感じたら1、普通なら3、あまり感じなければ5といった具合に書いてもらいます。そして最後に、今飲んだコーヒーが好きか嫌いかを聞くわけです。

今回図に示した項目にはありませんが、香りだけでもフレグランス（粉にした時の香り）、アロマ

（コーヒーを淹《い》れた時の香り）、フレーバー（飲んだ時に口から鼻に抜ける香り）に分けられます。

アンケートの結果から、酸味と甘みの関係、酸味と苦みの関係などの相関関数がでます。それを全部出すと、その人の好みが分かるというわけです。この手法は多変量解析といって、某大手自動車メーカーが車を作る際に使ったと聞いた事があります。しかしコーヒーの好みを多変量解析で分析したのは、恐らく私が世界で初めてでしょう。皆さんの好みのコーヒーも、方程式で表すことができますよ。

評価項目		
A	香り	1．甘い香りがする
		2．酸の香りがする
		3．こげた香りがする
B	味	1．苦味がある
		2．酸味がある
		3．甘味がある
		4．渋味がある
C	外観	1．色がある
		2．濁りがある
		3．濃さがよい
D	その他	1．コクがある
		2．キレがある
		3．スッキリ感がある
		4．アフターテイストが良い
E	好み	1．好きである

公開講座で行ったアンケートの項目。香り、味、外観などに分けて参加者の好みを調べました

「甘さ」を好む日本人

２００６年、07年とそれぞれ約２４００人分のデータを集めました。20代から70代の一般の方のご意見です。年代や男女によって、もちろん嗜好《しこう》は違いますが、現代の日本人の好みを平均すると、一つの傾向が見えてきました。日本人は香り、味ともに「甘さ」を好むのです。

コーヒーで重視されるポイントは、一番がコクやキレ、スッキリさなどの感覚、次に香り、その次が味

ということも分かりました。

甘さやコク、スッキリした味を求めるということは、現代人は疲れているんですね。しっかりしたデータはありませんが、私が若かった時代は、まず味が来て、次に香り、コクやキレはあまり気にしなかった気がします。これが数十年で真逆になったのですから、驚きです。

今はパソコンに向かう頭脳労働が多いから、コーヒーに安らぎを求めるのでしょう。力仕事をしている人は、ガツンとした刺激や酸味が馬力になったんだろうけど、今はそんな時代ではないということですね。これは数年前の調査なので、不景気などでストレスが増えている今は、調査の時以上に、癒やしとしてのコーヒーが求められていると言えるかもしれません。

解明できないから面白い

このように、コーヒーを通じていろんなことが見えてきます。コーヒーを飲んでいろんなことを考えるのも楽しいですし、人にも会えるし、いろんな場所にも行ける。私自身がコーヒーの魅力にとりつかれたように、皆さんにもその良さを少しでも知ってほしいというのが、「コーヒー学」を続けている理由です。

もう一つ、コーヒーの世界は、おいしく淹れるコツなど、経験や勘に頼るところが大きいのですが、それらは全部科学的、論理的に説明できるはずだ、というのが工学屋としての持論です。それでもまだ、解明できないことは多い。その奥深さもまた、私を虜《とりこ》にして離さないのです。

みのもんたも唸《うな》った「チン」

日本コーヒー文化学会という団体があります。1994(平成6)年に設立され、会長は小林章夫上智大学教授(文学博士)です。コーヒーを愛する人が集まって、歴史や文化、焙煎《ばいせん》、抽出技術などを各研究部会で検討したり、支部ごとにセミナーやコーヒーを楽しむ会を開催しています。コーヒーは一人静かに味わうのもいいですが、愛好家が集まってあれこれと語り合いながら飲むのも一興というわけです。

私は現在、学会の副会長を務めています。肩書に興味はありませんが、私が学会に入るまで、そして副会長になるまでには、これまた紆余《うよ》曲折がありました。

講演はヒントがいっぱい

40年ほど前からコーヒーを研究していた私ですが、実はコーヒー文化学会ができたことをしばらく知りませんでした。全国の喫茶店を巡って、愛好家の友人もいたのに、不思議でなりません。後から分かったのですが、私が通っていた東京の喫茶店で学会設立に向けた打ち合わせが行われていたらしいのです。それでも紹介してもらえなかったのですから、廣瀬がかかわるとヤヤコシイと、避けられていたのかもしれません…。

「廣瀬さん、コーヒー文化学会って知ってる?」。私がコーヒーにのめり込むきっかけを作った張本人である喫茶店のマスター、西田豊一さんがその話を仕入れてきたのは、学会が設立されて2年が経過していました。

私は早速、学会主催の講演を聴きに行きました。すると、内容は私の興味のあることばかり。自分の研究で感じた疑問を解決するヒントがいっぱいでてきます。最初は控えめに後ろの方に座っていたのですが、だんだん前に行って、しまいには最前列に陣取って講演を聴いていました。

冷遇される日々

私にも多少の知識があったので、講演が終わると講師の所に行って、「これはどういうことですか」とか「私はこう思うんですけど」とか、工学屋ならではの見解を述べました。すると向こうは「うーん」と考えこんでしまって、しまいには「廣瀬さんがしゃべってくれや」と、講演を任されるまでになりました。

とはいえ、私は普段の発言からメンバーに煙たがられているのは明白でした。先に紹介した、コーヒーの「賞味期限2カ月説」です。学会には私のような学者は少数派で、半分以上がコーヒー屋、残りは一般の愛好家です。そんなメンバーの中で、一般には1年半あるとされるコーヒーの賞味期限を2カ月と主張する私は、迷惑な存在だったでしょう。

「頼むこっちゃ、言わんといてくれや」。メンバーから内々に頼まれたこともありましたが、私は科学的、論理的見解に基づいて主張し続けました。案の定、学会では冷遇される日々が続きました。

全国の主婦を味方に

しばらくして、私はこの状況を打開する「発見」をしました。古くなったコーヒーでも、粉にして電子レンジにかければ、1年半どころか、もっと経っても大丈夫だという内容です。これなら、メンバーも異論はないでしょう。電子レンジで「チン」の話を講演会でするようになった2006年、どこからかテレビ局が聞きつけてきて、番組出演が決まりました。番組とは、お昼に奥さま方の人気を集めた、みのもんたさんの「おもいッきりテレビ」です。

みのさんを納得させれば、全国の主婦の皆さまを味方に付けたも同然です。収録が始まり、とうとう「チン」した豆のコーヒーを試飲する場面がやってきました。どんな反応をするか、私はみのさんを見詰めました。

「うん、おいしい!」

みのさんが唸《うな》りました。ゲストで来ていた俳優の大村崑《こん》さんや、ダニエル・カールさんもうなずいてくれました。こうしてめでたく全国区となった「チン」するワザがどれだけ影響したかは分かりませんが、この時期に私は学会のサイエンス委員長から副会長にトントンと「出世」したのです。

ただ、繰り返しますが、私は肩書にはこだわりませんし、むしろ肩書を誇りにしている人は苦手です。これからもコーヒーを愛する一人の学者として研究を続けたいと思います。

コーヒーの処方箋《しょほうせん》

才能が花開くのに年齢は関係ないと私に教えてくれた方がいます。東京薬科大名誉教授の岡希太郎さんです。彼は私と同年代の70歳ですが、定年間際にコーヒー研究に目覚め、数々の本を執筆しているのです。

血糖値の急上昇を抑える

糖尿病、メタボ、認知症、がんの予防…。コーヒーと健康の関係については何度かこの欄で取り上げてきました。薬学畑を歩んできた岡さんは、ただコーヒーを飲むのではなく、症状や目的に合わせてブレンドを変えることを考え、「コーヒーの処方箋」という著書にまとめました。

例えば糖尿病の場合、「イエメンモカマタリ」が7に対し、「インドネシアカロシトラジャ」を3の割合でブレンドし、1日2～3回、食事中または食直後に飲む、とあります。食後の血糖値の急上昇を抑える作用のあるクロロゲン酸を多く残すよう工夫したブレンドだそうです。

別の処方箋として、インドネシア産のロブスタ種の生豆を1回約15粒、小鍋に入れて水を加え、一晩漬けた後に弱火で20分煮て、煮汁を冷蔵庫に保存して飲む、という方法も紹介してありました。

いかにもおいしくなさそうですが、焙煎《ばいせん》していない分、クロロゲン酸は多く残るので効きそうではあります。
糖尿病のほかにも高血圧、パーキンソン病、大腸がん、アルコール性肝炎、痛風など、目的に合わせたコーヒーの飲み方が解説されています。薬の処方箋は、お医者さんに行けばもらえますが、コーヒーの処方箋はどこにもありません。岡さんのように薬学的な視点からコーヒーを追究した人は珍しく、だからこそ、大変興味深いのです。

すぐに意気投合

岡さんと私は2008年に出会いました。金沢大学大学院医学系研究科の富田勝郎教授（前・金大附属病院長）がカフェインを利用した研究で文部科学大臣表彰を受けた時、コーヒーを研究していた岡さんが講演に来られて、私を「コーヒー馬《ば》鹿《か》」と知っている富田さんが、岡さんと私を引き合わせてくれたのでした。

岡さんは非常に穏やかで気《き》っ風《ぷ》がよく、何でも単刀直入に話す方で、すぐに意気投合しました。

私のように若い頃からコーヒーを研究していたのかと思えば、そうではなく、大学では臓器移植の薬理学や漢方薬が専門だったそうです。ある時、コーヒーには糖尿病薬に匹敵するパワーがあるとの論文を読んだ岡さんは、コーヒーは医食同源のルーツの飲み物だと考え、よりその「恩恵」を引き

定年後、コーヒーに関する数多くの著書を出している岡さん（左）＝東京・銀座のカフェ・ド・ランブル

出してみようと思い立ったのです。彼の大学での最終講義は「コーヒー一杯の薬理学」でした。

岡さんが本格的にコーヒー研究に取り組んだのは定年後からですが、現役の時以上に生き生きと研究に励んでいます。「コーヒーも漢方と一緒。カフェイン、トリゴネリンやクロロゲン酸など、いろんな成分が一緒になって効くんだよ」。岡さんの話は明快で、視点がおもしろいんです。

コーヒー談義は夜更けまで

カフェインやクロロゲン酸などの成分のデータを取るのが岡さんなら、どうしたらその成分が多く出るかを考えるのが私の研究です。2011年に私が開発した「過熱蒸気」の焙煎機は、まさに岡さんが言っているコーヒーのよい成分をなるべく多く残しながら、コーヒー豆を焼けるという画期的な機械なのです。岡さんが提案していた、生豆を煮て飲むなんてまずい飲み方はしなくていいんです。

今後、岡さんとの共同研究で、過熱蒸気で焙煎したコーヒーの成分データを分析していく予定です。

今では、日本コーヒー文化学会で一緒に講演に招かれたり、大学の「コーヒー学」にも講義に来ていただいたりと、私なりに「名コンビ」だと思っています。講演先で彼と一緒になると、夜が更けるまでコーヒー談議は続くのでした。

コーヒーの健康成分を残したまま焼ける過熱蒸気による焙煎機

講師は女優真野響子《まやきょうこ》さん

金沢大学で単位の取れる講義「コーヒー学」には、毎回コーヒーに関係するさまざまな方を講師にお迎えしています。コーヒーを研究している教授や喫茶店の経営者はもちろん、変わったところでは女優の真野響子さんにも話していただきました。テーマは「コーヒーと演ずること」です。

女優とコーヒー、一見関係はなさそうですが、蓋《ふた》を開けてみると大変興味深いお話でした。撮影中のどんな時にコーヒーを飲むかとか、勝新太郎はこんな飲み方だとか、あの監督は濃いめが好きだとかいう話をしながら、「どんなコーヒーが好きか、どんな飲み方をするかで、その人の人間性が見えるのよ」とほほ笑む真野さんに、ドキッとさせられた次第です。

真野さんとは20年ほど前、私が金沢大学の留学生センター長をしている時からのお付き合いです。留学生向けに講演していただける方を探していて、英語が堪能な真野さんを石川県庁の方にご紹介いただきました。

女優さんというだけあって、私のような庶民には近づきがたいオーラを放っていましたが、話してみるととても気さくな方で驚きました。コーヒーのことにも詳しそうだったので、思い切ってコーヒー学の講師を頼むと、快く引き受けてくださったのでした。

それからは、コーヒー学や、学生に職業観を身につけさせる「キャリアプラン」の講義で年2回ほど、金沢大学の教壇に立っていただいています。真野さんがすごいのは、毎回テーマを変えて、同じことは二度とやらないということ。しかも話す内容が面白い。真野さん自身、とても知識に貪欲な方で、いろんな人の話を聞いたり、現地に行ってみたりと自分で中に入り込んで、自分のものにして話すところは、さすが女優！と敬服いたしました。

ある日、いつものように学生に交じって真野さんの興味深い話を聴きながら、美しい姿にボーッと見とれていると、真野さんがチラッとこちらを見やり、「今日は面白いことをやりましょう」と言いました。

面白いこと？何が始まるのかとワクワクしていると「じゃあ廣瀬先生、ちょっと前に出て来てください」と真野さん。「えーっ、僕？」。思いがけない展開に戸惑いながら前に進むと、台本をポンと渡されました。「鶴の恩返し」と書いてあります。

「じゃあ、廣瀬先生は『よひょう』（鶴を助けた青年）をやってくださいね。私はおつう（鶴）です」

そう言うと真野さんは、「ねえ、よひょうさん…」とお通になりきって演技を始めました。お芝居などしたことのない私は、あたふたして「オ、オツウ…」と台本の字を追うのが精いっぱい。大女優とずぶの素人の芝居は、滑稽と言うほかありま

真野さんは和服姿で講演することも多い
＝白山市白峰の白山麓僻村塾

せん。こうして300人の学生を前に、赤っ恥をかかされたのでした。以来、真野さんの講義に出る時は、いつ当てられるかと学生時代に戻ったようにヒヤヒヤしています。

大好きなのよ

どんなに忙しくても真野さんは講義の前や後に私の研究室に顔を出してくださいます。時間がある時は2時間、3時間とコーヒーを飲みながらあれこれ話すので、コーヒーも2杯、3杯と進みます。

「私、ヒロセブレンドが大好きなのよ」と言って、自宅でも私のコーヒーを飲んでくれているようです。彼女は気を遣わず、思ったことはハキハキと言うタイプなので、本心なのでしょう。光栄でございます。そして、飲み終わったコーヒーカップやスプーンは「いーの、いーの、私がやるわ」と言って、テキパキと洗っていくところなんかは、本当に飾らない方だなーと感心させられます。ドラマなどで見せる優しいお母さんそのものです。

何より、化学的にコーヒーを分析している身には、コーヒーの新しい見方を教えられました。しかも、あれだけ成功された方なのに、講義の前には毎回真摯《しんし》に努力して勉強されている。そしていったん舞台に立つと役に入り込むように、講義でも生き生きと話して人を引き付ける。その力の源は、女優魂そのものではないかとも感じてしまうのです。

不肖廣瀬にも、その素養が少しでもあったならばと、いつもうらやましく見詰めています。

70歳で博士になったマルオさん

うどんやそばのダシ、みそ汁の味が地域によって異なるように、コーヒーの好みにも地域差があります。そのコーヒーの「好み」という感覚的なものをデータとして解析し、2011年9月に金沢大学大学院で博士号を取得した男性をあらためて紹介します。大阪市福島区に住む圓尾《まるお》修三さん、御歳《おんとし》70歳です。

「午後の紅茶」の開発者

マルオさんは京都外大出身で、石光《いしみつ》商事という商社の取締役までされた方です。コーヒーや紅茶、ココアの商品開発や、コーヒーの焙煎《ばいせん》機、粉砕器などを輸入する仕事をしていました。午後ティーの愛称で親しまれるキリンの「午後の紅茶」を開発したすごい人でもあります。

コーヒーの産地である南米、中米、アフリカには50~60回、消費国のアメリカやヨーロッパにも30回ほど訪れていて、外国での滞在日数を合わせると2年以上になります。さらに、タイやカンボジアの貧困地域でコーヒーの栽培や製品化の技術指導も行ったそうです。私もコーヒーの産地にはたびたび訪れてきましたが、マルオさんには遠く及びません。

ですからコーヒーに関しては産地、機械、農学、流通と幅広い分野に精通しているというわけです。

まさにコーヒーの生き字引と言っていいでしょう。

55歳で商社を早期退職した後は、飲料開発の研究所を開いて、その代表になりました。そのほかに大学講師や中国の大学の客員教授もしていました。

人の感覚を統計化

そんな彼がコーヒーの博士号に挑戦することになったのはなぜでしょう。それは2004年、米アトランタで開かれた「アメリカ・スペシャルティ・コーヒー協会」の講演にさかのぼります。

マルオさんは日本代表で演壇に上がり「日本のコーヒー市場の光と影」と題して日本のコーヒー業界や、品質、おいしさについて英語で流ちょうに紹介しました。会場にいた私は「語学もコーヒーに関する知識量もかなわんなあ」と感心しながら見つめていると、講演を終えたマルオさんが、ある相談を持ち掛けてきたのです。

「人がおいしい、まずいと感じることは感覚的で、曖昧じゃないか。それを目に見えるように、データ化できないものか」

話を聞いて、私の頭に「多変量解析」が浮かびました。人の感覚を統計化する手法で、某大手自動車メーカーが新車を開発する際に使ったとも言われています。

グアテマラで開かれたコーヒーのカップテストの審査員を務めた圓尾さん（中央）と筆者（右）

マルオさんの行動力はピカ一です。07年に金沢大学大学院の博士課程に入り、大阪から通って単位も取りました。そしてコーヒー学の公開講座で全国を飛び回っては、会場でアンケートを行い、多変量解析の研究にいそしんだのでした。

以前このコーナーでも紹介しましたが、酸味や苦み、甘み、コクなどコーヒーを飲んだ感想を5段階で答えてもらい、酸味と甘みの関係などの相関関係を出すと、人の好みが分かるというわけです。

人は惑わされやすい

それで分かったのは、コーヒーは味覚や嗅覚《きゅうかく》などの五感だけでなく、心理的、生理的な要因でもおいしい、好き、などと感じているということです。

おしゃれな喫茶店で出されたコーヒーや、「この豆は○○産の最高級品だ」と聞かされて飲むと、通常以上においしく感じるというわけです。人の心は惑わされやすいですからな。

この研究が独創的で、新しい視点であると評価され、マルオさんは70歳にして博士号を取ることができました。年は私と一つしか違いませんが、彼の地道な努力には頭が下がりますし、むしろ、私が彼から教わることの方が多かったように感じています。

彼の古巣、石光商事の石光輝男会長は、マルオさんが博士号を取ったことを知ると涙を流して喜び、祝う会の祝辞も買って出たと聞いています。彼の人柄が浮かびますな。

こうして、「珈琲博士」が新たに一人、誕生した次第です。

ブレイクタイム④
コーヒーの健康効果

「コレステロール値を下げる」「自律神経の働きをアップする」「血管を若く保つ」「がん予防」など、近年、コーヒーの健康効果に関する研究が進んでいます。ここでは、薬理作用があるとされるコーヒーの成分を紹介します。

【カフェイン】

かつては「健康を害する」と悪者扱いされていましたが、実はそうではありません。一度に多量摂取すれば人体にダメージも与えもしますが、普通にコーヒーを楽しむ程度のカフェインであれば、健康を促進するものです。よく誤解されがちですが、深く煎《い》るほどカフェイン量は減っていきます。

最新の研究によると、カフェインは心臓の筋肉の収縮を強くし、脳や心臓の血流を増やす働きがあるそうです。また、大脳への興奮作用を示し、思考力を増進させるほか、作業能率を高めます。腎臓に対しては利尿作用があるという研究報告もあります。

【クロロゲン酸】

大腸がんや肝臓がんの発症を抑制する働きがある、と岐阜大学医学部の研究で確認されました。クロロゲン酸は焙煎《ばいせん》すると生豆の半分以下の量に減りますが、私が開発した過熱蒸気焙煎機は、還元作用を利用しており、より多くのクロロゲン酸が残る仕組みにアレンジしています。

【ポリフェノール】

抗酸化作用などの働きを持ち、動脈硬化を予防する効果があるといわれます。

【トリゴネリン】

トリゴネリンは焙煎で熱が加わると、ナイアシンというビタミンに変化します。ナイアシンは、血管の拡張作用や動脈硬化の改善に資するところがあり、脳神経を活性化、認知症予防に有効とされています。

【アロマ】

コーヒーの香りの成分ですが、これにもDNAの酸化や心臓の老化を防ぐことにつながる抗酸化作用があるといわれています。

第5章　工学屋のつぶやき

イグ・ノーベル賞を受賞

2003年10月2日。米ハーバード大の壇上で、私はたくさんのフラッシュを浴びていました。「イグ・ノーベル賞」の授賞式です。かのノーベル賞のパロディー版として、笑いの面ばかりに注目が集まりますが、この賞の意味はそれだけではありません。「発明」を通して人々に考えさせ、科学への関心を高めた功績に贈られるのです。

2009年、英マンチェスター大のガイム博士が、イグ・ノーベル賞受賞者として初めて、本物のノーベル賞を手にしました。科学で人を楽しませることが、素晴らしい研究に結びつくことを証明したと言えるかもしれません。

それにしても私の「ハトを寄せ付けない銅像の化学的研究」になぜ白羽の矢が立ったのでしょうか。犬語翻訳機の開発や、牛のフンからバニラの香り成分を抽出した研究など、ほかの受賞研究に比べると、古代の英雄、日本武尊《やまとたけるのみこと》の銅像が現代の厄介者である鳥を退治する構図は面白いのですが、笑いのインパクトに欠けるようにも感じます。

そこで私は考えました。こんなささいなテーマを40年以上も考え続けるなんて私ぐらいです。そのしつこさ、執念が笑いのポイントだったのではないでしょうか。でも私は、それこそが科学の本質じゃないかと思うんです。

新歓コンパの兼六園で

私が日本武尊像に出合ったのは、金沢大学に入学したばかりの18歳の時でした。新歓コンパに出掛けた先の兼六園に、でーんと建っていました。銅像といえば、公園にあるばっかりに鳥のフンで真っ白になる運命にあると思っていましたが、目の前の銅像は違いました。周りに鳥がいるのにまったく寄りつきません。迫力たっぷりの銅像を鳥が恐れている訳でもなさそうです。

時は流れて37歳。米ノースウエスタン大に招かれ研究することになった私に、専門書の翻訳の依頼が舞い込みました。フォーブスの「古代の技術史」で私は「銅、青銅、アンチモン、ヒ素」の部分を担当することになり、翻訳を進めていると、気になる記述がありました。

「古代ローマなどでは銅の融点を下げるためにヒ素を添加していた」

ヒ素といえば和歌山の毒カレー事件でも知られる猛毒です。もしかして日本武尊像にもヒ素が含まれているんじゃないか。帰国してから成分を確かめるため文献を探しましたが、技術的なものは一切なく、もちろん自分で調べようにも手も足も出せません。

諦めかけていた時、日本武尊像が倒れる危険があるから修復しようという話が持ち上がり、私も修復メンバーの一人になりました。1988年、私は48歳。我が意を得たりの思いで、修復に便乗して成分を調べました。

「やっぱりか」

ヒ素が15％含まれていました。上野の西郷さんの銅像はヒ素が2％程度なので、フンまみれだったのです。この事実が分かった時、自分ではすべて解決したつもりになっていました。

空論と一蹴され

さらに時は流れて私も60歳、金沢大学の共同研究センター長になったころのことです。私のもとに、とある人が技術相談にやってきました。ふと見ると、彼の背広に白いフンが付いていましたが、本人は気付いていません。

「あちゃー、やられた」

彼はおでこをポンと叩くと、会社近くの鳥の巣に悩まされていると明かしました。私はここぞとばかりに「そんなん銅にヒ素を入れて置いておけば寄りつかんぞ」と助言したのですが、彼は「先生、それ確かめたんか。空論みたいなことなら言わんといてくれ」と一蹴したのでした。

私はハッとしました。

実験した訳でもないのに納得している自分がいました。ヒ素を扱う実験には危険が伴うというのは、言い訳にもなりません。私は早速、銅像と同じ成分の金属棒を作って試しました。思った通り、ヒ素が多く含まれた金属棒には、鳥が寄り付きませんでした。ここまでたどりついてようやく、40年越しの疑問が解決されたのでした。

「廃棄物」にカチンときたが…

「プルルル、プルルル」

2003年5月、講演を頼まれ北海道大に来ていた時のことです。あと10分で講演が始まるというところで、私の携帯電話がけたたましく鳴りました。画面には見覚えのない東京の番号が表示されています。私はいぶかしげに電話に出ました。

「週刊新潮のものです」

週刊誌から電話？　何事やろう。時計を気にしながら要件を聞くことにしました。

「廣瀬先生が開発した『カラスよけの延べ棒』をぜひ、週刊新潮の『原稿廃棄物』というコーナーで取り上げさせていただけないでしょうか」

当時の週刊誌の記事を見る筆者。「廃棄物」にカチンときた＝金沢大学

バカにするにも程がある！

この1週間前、私の研究が「兼六園の日本武尊《やまとたけるのみこと》の銅像、鳥撃退」ので北國新聞の社会面を飾りました。それを見た記者が興味を持って電話してきたのです。

それはいいのですが、彼の言葉にカチンとくるものがありました。「廃棄物」とは何事か。きっとアホな先生が変わったことを研究している、などと面白おかしく取り上げるに違いないと思いました。

バカにするにも程がある！　当時、金沢大学の共同研究センター長になったばかりというプライドもありました。

「申し訳ないが、その話はお断りをさせていただく。今はちょっと時間が無いから、また後で話をしましょう」

慌てて電話を切って、講演会場に向かいました。

◆コーヒー豆の記念碑◆

講演を終えた私は、電話の一件などすっかり忘れ、久しぶりの北海道を楽しむことで頭がいっぱい。せっかく来たのだからと、最北端の宗谷岬まで足を伸ばすことにしました。「珈琲《コーヒー》博士」として一度は行ってみたかった場所があったのです。

宗谷岬の公園に、コーヒー豆の形をした記念碑が建っていました。この碑は、コーヒーの歴史を知る上で重要な意味を持っています。

今から200年ほど前、幕府の命で宗谷岬周辺に北方警備に来た津軽藩兵は、厳しい寒さによって病に侵され、命を落とす者もいました。しばらくして、日本に伝わったコーヒーがその病に効果があると分かり、幕府は津軽藩兵に薬としてコーヒーを配給したと伝わっています。

日本で最初にコーヒーを飲んだのは津軽藩兵だったのかもしれないなあ。そんな思いをはせながら

1週間ぶりに金沢に帰ると、私あてに一通の郵便物が届いていました。送り主は新潮社。嫌な予感がして封を開けました。

問い合わせ続々

案の定、入っていたのは週刊新潮。ページをめくると「原稿廃棄物」のコーナーに「カラス避《よ》け最終兵器を開発した教授」という見出しの付いた小さな記事が掲載されていました。「話が違うじゃないか」

内容はともかく一度断ったものを掲載するとは言語道断。文句を言ってやろうと電話に手をかけると、その電話が鳴り出しました。

「廣瀬先生、週刊新潮に書かれてた内容は本当ですか。詳しく知りたいのですが」

大学や企業から、電話や電子メールによる問い合わせが相次いだのです。国内だけでなく、アメリカやイギリス、ドイツからもありました。根がまじめな私は、質問に一つ一つ丁寧に答えました。そうこうしているうちに、文句を言うタイミングを逸してしまった次第であります。

問い合わせが一段落した7月ごろに、一通のメールが届きました。「イグ・ノーベル賞を受けませんか」。後で主旨を知って納得したのですが、初めて聞いた時はさすがに戸惑いました。こちらはまじめに研究しているつもりなのに、パロディー版を受けるなんてね。しかし授賞式がボストンと聞き、気が変わりました。「珈琲博士」としてどうしても訪れてみたい場所があったのです。

ユーモアが求められた授賞式

イグ・ノーベル賞の授賞式が米国のボストンで行われると知った私は、喜んで出席を決めました。ボストンと言えば「ボストン茶会事件」。1773年、英国の茶税法に反対するボストン市民が東インド会社の茶船を襲撃し、茶を海に捨てた事件です。米国が「コーヒー党」になったきっかけとも言われる出来事で、イグ・ノーベル賞のおかげで、この目で現場を見ることができました。

そして、いざ授賞式です。

式では、スピーチの時間が1分間与えられていました。英語で、しかも必ず笑いを盛り込むという条件付きです。

1分を超えると、少女が「ストップ、ストップ」と言って止めに入ります。前方の観客からは紙ヒコーキも飛んできます。私は何とか笑いを取ってやろうと、前日から頭をひねりました。

授賞式当日。スピーチに立った受賞者は、次々とユーモアたっぷりに会場を笑いに包んでいきました。私は笑いながらも、内心は気が気じゃありません。

そしていよいよ私の番。壇上に上がった私には、一つ考えがありました。当たって砕けろの気持ちで口を開きました。

わざと時間をオーバー

「私は本当は、スウェーデンのノーベル賞をいただくつもりだったんですが…。兼六園の鳥が私の頭をコツンとたたいて、ハーバード大に連れてこられました」

大まじめに言ったもんですから、会場からクスッと笑い声が漏れました。つかみはまずまずのようです。そして次の一手。わざとスピーチの時間をオーバーしました。そして「ストップ、ストップ」と止めに来た愛らしい少女の手に10ドル札を握らせました。

驚いた少女は、主催者の所に走っていきました。その間に私は、まんまとスピーチを続けたのです。少女に1ドル渡す人はいましたが、10ドルで「買収」したのは私ぐらいでしょう。少女の戸惑いと、私のしたり顔に、会場に笑いが起きました。何とか成功です。

スピーチの後、司会者がニヤニヤして近づいてきました。

「お前はいつも日本でお金を渡しているのかい?」

からかいに来たのでしょうが、私はしれっと「サムタイムス(時々な)」と答えておきました。

授賞式が終わると、現地や日本の新聞社、テレビ局からのインタビューが待っていました。マイクは私にだけではなく、同行した妻にも向けられました。

男ってやつは、結婚してからでも、何でこんなすてきな女性が何の取りえもない自分に付いてきてくれたんか、信じられんのです。「妻はこれまで私のことをどう思ってきたんやろう」。思わず耳をそばだてました。

「彼は、時間はかかるけど具現化力のある人ですよ」
妻はこう答えました。思わず目に涙がにじみました。妻は若い頃から私の生き方をきちんと見てくれていたんだ、と初めて実感した瞬間かもしれません。

立派な賞より「町のエジソン」

私はイグ・ノーベル賞を受けて、物の考え方が大きく変わりました。スピーチでは「ノーベル賞をとるつもり」と言いましたが、帰国した時に感じたのは、立派な賞よりも、身近なところで皆さんの役に立てる「町のエジソン」でありたいという思いです。

アイデアは一朝一夕では生まれません。夢の中に浮かんだとか、朝起きたら突然ひらめいたとか、そんなことは無いと断言できます。私が今いろんな発明ができているのも、昔から疑問に思ったことをノートに記してきたことが一つずつ実を結んでいるのです。

「子どもの理科離れを防ぐには」「人々の役に立つアイデアは」。いろんなアイデアを具現化し、こういった課題に立ち向かっていくのが、これからの私の道だと思っています。それこそが40年かけて疑問と向き合った、一人の学者としての結論です。

授賞式でスピーチする筆者。傍らには時間を超えないか見張る少女が立ち、周囲には観客が飛ばした紙ヒコーキが散乱しています=2003年10月、米ハーバード大

日本武尊《やまとたけるのみこと》を救え

兼六園の日本武尊像。イグ・ノーベル賞を取るきっかけを作ってくれた日本武尊は、私の人生を変えた「恩人」と言ってもいいでしょう。銅像に倒壊の危険性が持ち上がった20余年前、修理工事専門委員会のメンバーに選ばれたことには運命すら感じています。

兼六園を見下ろすように建つ日本武尊像

押しただけで、ゆらゆら

「日本武尊がグラグラしとるんですが」。1988年、兼六園の事務所から一報が入りました。お忘れの方もいらっしゃるかもしれませんが、私の専門は破壊工学です。そこで倒壊の危険性を判断してほしいとの依頼が舞い込んだ訳です。

現場へ行ってみると、銅像が建つ台座にはひびが入り、ちょっと押しただけでゆらゆらと揺れました。この像には技術的な文献はなく、どのような設計になっているかは分かりません。それでも銅像を支える鉄柱は台座を突き抜けて1・8メートルあるという記述があったので、それらを考え合わせると危険な状態なことは明白でした。

「抜本的な修理が必要」との結論に至り、私も修理工事専門委員会のメンバーとして何度も修復方法の検討を重ねました。中でも銅像の据え付け方法に関しては、私は決して譲りませんでした。

◆破壊工学の常識だ◆

日本武尊像は、胴体から足にかけて2本の鉄柱が入っており、足の裏から突き抜けた部分が台座石に固定されていました。当初、足の裏から先は1・8メートルあると思われていましたが、解体してみると50センチほどでした。この部分で銅像全体を支えていた訳です。

建設会社が提示したのは、台座石に穴を開け、四角い鉄柱をそのまま差し込んで、周りをグラウト材(結合材)で固めるという案でした。

「それじゃあ倒れるぞ」

思わず声を上げました。鉄柱の角には力が集中し、また台座石が割れてしまう危険性があります。破壊工学では常識です。そこで私が提示したのは、鉄柱の周囲を丸い鉄の輪で覆って結合材で固めることで、力を分散させる案です。

「ほんなことせんでも、最新の結合材を使うから大丈夫ですよ」

「余計な予算かけんでも」

当初は私以外の全員が建設会社の案に賛成でした。議論は白熱しましたが、私が破壊力学について説明を重ねると、次第に理解が広がっていきました。私のあまりの剣幕《けんまく》に、皆さんが引き下がってくださっただけかもしれませんが…。とにかく、議論は文字通り丸く収まってくれました。

日本武尊像は調査を含め4年の歳月と2億2千万円をかけ修理されました。これであと100年、いや、それ以上大丈夫でしょう。私は心底ホッとしました。今思うと、これが私なりの恩返しになったと言えるかもしれません。

技術の文献なし

残る疑問は一つ。日本武尊像にはなぜ、技術的な文献が残されていないのでしょうか。私なりに思い当たるところがあります。この像、正式には「明治紀念之標《めいじきねんのひょう》」は1880年に建立されました。八幡製鉄所が操業する20年も前、日本の野外銅像としては最も初期のものとされています。

当時は金属を溶かす技術がまだ発達しておらず、融点を下げるためにヒ素が多く混ぜられたのでしょう。これが後々に鳥を寄せ付けないという私の研究に結びつくわけですが、当時はきっと、表《おもて》沙汰《ざた》にできない何かがあったのではないでしょうか。これはあくまで私の想像ですので、あしからず。

今の私の夢は、修理の際に使った、6分の1のミニチュアサイズの日本武尊像を、山にある私の研究施設に飾ることです。何と言っても私の研究人生は、日本武尊から始まったのですから。

日本武尊像の解体作業。足の裏から50センチほど伸びた鉄柱で銅像が支えられていました＝1991年、兼六園(兼六園「明治紀年之標」修理工事報告書より)

専門は「破壊工学」です

廣瀬といえばイグ・ノーベル賞ばかり注目されますが、実は2009年に文部科学大臣表彰を受けました。科学技術分野では金沢大学では数人しか受けていないと聞いており、私の前年には同大学院医学系研究科の富田勝郎教授（前・金大附属病院長）も名を連ねています。私を単なる「コーヒー馬鹿《ばか》」や、発明好きの変な教授とお思いの方もいるでしょうが、専門分野でも意外とやるんです。

超音波で骨密度測定

私の専門は「破壊工学」、特にエックス線を使った測定法を研究してきました。表彰されたのは、およそ25年前に行った骨密度評価法の研究です。人体にエックス線を当てるとリスクが伴うので、代わりに超音波を使って骨密度を計測する技術を、野方文雄岐阜大教授、センサ（小松市）の松井和幸社長と共同で開発しました。超音波を使った測定機器はセンサから販売され、国民の

1985年、520人が犠牲となった日航ジャンボ機の後部圧力隔壁の残骸＝2006年、日航の「安全啓発センター」（共同通信社提供）

健康と地場産業活性化に貢献したことが認められたのです。

安全で正確な測定ができれば、あとは富田さんのようなお医者さんの出番です。骨が弱いと分かれば、予防や対応を考えることができるという訳です。

それにしても25年前といえば、私が教授になったばかりの頃です。今頃になってその研究が評価されたことに驚きましたが、私の発想は間違っていなかったんだと、学者として認められた気がして素直にうれしかったですね。

息子の恩師と肩並べ

表彰式は都内のホテルで行われ、被表彰者が集いました。

「廣瀬さん、あんたもか」

振り返ると、見たことのある顔が、私と同じ赤いコサージュを胸に付け立っていました。東北大大学院の坂真澄教授。私の長男に学位を下さった恩師です。

このような立派な先生方と肩を並べることができたとは、まさに学者冥利《みょうり》に尽きます。これでダンスに夢中の息子も少しは父を見直してくれたでしょうか…。

うれしさの半面、私の一番の願いは別のところにありました。

息子の恩師である坂教授（右）と写真に収まる筆者（中央）。左は共同開発した岐阜大の野方教授＝2009年、都内のホテル

今回の表彰は、人間の骨密度の測定で受けましたが、同じ寿命を測るのでも、エックス線を使えば飛行機や鉄道のレール、車輪の傷み具合を知ることができます。

ところが残念なことに、日本では我々のような破壊工学の専門家が登場するのは、事故が起きた後です。事故現場から部品を研究室に持ち込んで、原因を探るという作業を行っているのです。しかし、私が言いたいのは「起きてからじゃ遅い」ということです。事故が起きてからごちゃごちゃ言うのは私の性格にも合いません。

米では軍から研究費

私は事故を未然に防げることを何度となく訴えてきました。しかしその度ごとに却下されました。アメリカではきちんと認められ、軍から技術研究費が出ているそうです。私が開発した持ち運びができるエックス線測定器を使えば、事故前に原因となるひずみを見つけられると思うのですが……。

鉄道や飛行機のトラブルは後を絶ちませんが、中には未然に防げる事故もあったはず。私はずっとそういう研究をしてきたのですが、こちらにはなかなか光が当たらないのが残念でなりません。

皆さんはどう思いますか。

ちょっとまじめな話になっちゃいましたね。

5歳年上の「教え子」は副社長

私にはかつて、5歳年上の「教え子」がいました。金沢大学教授時代には30人余りに学位を出しましたが、彼ほど真摯《しんし》な態度で研究にぶつかってくる学生はいませんでした。私が言うのも何ですが、これが変わった方でして…。

20年ほど前の、とある日のことです。二人の男が私の研究室を訪ねてきました。一人は石川県の企業誘致担当者。同級生の兄貴なので、知っている顔です。横には部下と見受けられる小柄な男が立っていました。ところが県の担当者は、小柄な男を丁重に私の前へ導くと、「武蔵精密工業の副社長」と紹介したのです。

武蔵精密工業といえば、愛知県豊橋市に本社があり、名だたる企業の四輪、二輪車に使う部品を製造し、2010年の連結従業員数は8千人を超える大きな会社です。当時、県の誘致で志賀町に能登工場を設ける関係で、私に技術指導の依頼があったのです。

いただいた名刺にも「副社長　大塚昌明」としっかり書かれていました。しかし偉ぶったところが一切なく、失礼ながら、そんな立派な方には見えません。

「廣瀬さんは、どんな研究をされているんでしょうか」

好奇心が体中からあふれ出ているのが分かります。破壊工学で材料の強度や事故原因を調べたりしていると答えたら、後日、自分の会社の事故部品を抱えてやってきて、昼ごろから日が沈むまで、ずっと私の見解を聞くのです。これだけ熱心な人は珍しいなあと感心していると、数日たってまたやってきて、今度は「社会人ドクターとしてお世話になることにしました。廣瀬さん、よろしく頼みます」と言うわけです。私はあっけにとられていました。

世の中の役に立たないと

大塚さんは当時、50歳を超えていましたが、若い学生に交じって議論もすれば、徹夜で実験もしました。学生は誰も、まさか大塚さんが副社長だとは思っていなかったのではないでしょうか。

しかしさすが、世界を相手に仕事をしているだけあって、並の人ではありません。大塚さんが使う英語は、机の上で学んだものではなく、生きた言葉です。さらに、研究するにしても「おもしろいだけ、理論だけではだめ。世の中の役に立たなければいけない」と盛んに言っていました。

立場は教授と学生でしたが、私は大塚さんから多くを学ぶことができました。大塚さんがいた時期は、私も学者として充実した日々を送っていたのです。

そして大塚さんは当初の目標だった英語2本、日本語2本の論文を早々に書き上げると「世界的な論文を書きたい」と言い出し、国際機械学会にも論文を出しました。最終的には10本を書き上げ、工学博士となったのでした。

介護一筋の道へ

それにしても、おかしな男です。彼は何と、武蔵精密工業の社長就任の話も、名古屋にある大学の教授になる話も断ると、社会福祉士やホームヘルパーなどありとあらゆる福祉関係の資格を取り、私財を投じて地元に老人福祉施設を建てたのです。

大塚さんは両親ともに亡くなるまで介護しました。その経験が、大塚さんを突き動かしたのは想像に難くありません。「私は趣味でいろんな資格を取るけど、あれもこれも手を伸ばしたくない。今は介護一筋でやってます」と話していたのが印象的です。

しかしながら、社会福祉法人の理事長に落ち着いても彼の向学心は衰えを知りません。大塚さんが「僕が考えた装置があるんですけど、見に来てくれませんか」と言うので施設を訪ねると、トレーニング室では、お年寄りの筋肉がどれだけ強くなったかを測る装置が活躍していました。ふと、施設独特の臭いが無いことに気付くと、「廣瀬さんの装置を改造したんですよ」と得意げに言うんです。お年寄りと触れ合う彼を見ていると、本当に幸せそうでした。

そんな彼が最近興味を持ったのが「コーヒー学」です。私に「通信教育をしてくれ」と言ってきたので、「それは無理や」と断ると、私の著書などを使って自力で勉強し、先日、コーヒーインストラクターの試験を金沢まで来て受けていきました。いやはや、これは参った。

いい加減な私と、くそまじめな彼。正反対の性格ですが、なぜだか肌が合うんです。

カラスを食べる会

「イグ・ノーベル賞」を受けた翌年、日本コーヒー文化学会の仲間から、とある会に参加しないかと誘いを受けました。

それは「カラスを食べる会」。

彼はこう言います。「賞を受けたのはカラスのおかげなんだから、廣瀬さんもカラスのことをもっと知るべきじゃないか」。

恐ろしがり屋の私は多少尻込みしましたが、どんな味なのか好奇心が無いわけでもなく、それよりも何よりも「カラスには世話になったんやから」という思いがあって参加することにしました。

カラスの焼きトリをほおばる筆者

肉は深い紅葉色

茨城県ひたちなか市。干し芋の生産量日本一を誇る地域です。この干し芋の皮をつまみ食いして育ったカラスは甘くておいしいことから、食す会が催されているそうです。この会の会長さんが、先ほどの彼。コーヒー文化学会常務理事で、ひたちなか商工会議所会頭も務める鈴木誉志男さんです。

「よう来たなあ」と笑顔で迎えてくれた鈴木さん。「本当にカラスを食べるんですか」と、ここにきてまだ半信半疑の私に、1本の焼きトリを差し出しました。

パクッと口に入れると、コリコリした食感と共に、鳥とも豚とも牛とも違った味わいが口に広がりました。意外といけます。肉は馬がサクラ、イノシシがボタンなら、カラスは深い紅葉色といった感じ。臭みは無く、コクというよりは脂肪分が少なくあっさりとした味わい…などと、コーヒー鑑定のようにあれこれ味を分析していると、「どうだ」と得意顔の鈴木さんが割って入ってきました。「参りました」。私は先ほどまでの疑いの目を心からわびました。

刺身やグラタンにも

調理法は焼きトリだけではありません。「ブラックバードのカルパッチョ　熟成にんにく風味」、「パイ包み」をはじめ、刺し身、スープ、グラタン、ミートパイとさまざま。まさにカラスのフルコースです。料理によってカラスの種類を使い分けているというから、いよいよ本格的です。

そしてまた、すごいのは参加者の面々。2011年2月12日、行政幹部や大学教授、料理学校の校長まで、知的好奇心の塊のような方々が30人ほど集まっており、不肖廣瀬も仲間に入れていただいた次第であります。

車のナンバーを記憶

カラスを食べる会は「カラス猟」から始まります。猟は田んぼで行います。県が認める狩猟期間は

11月15日から3カ月間。空気銃で狙いを定めて撃ち落とします。

しかし、カラスの手ごわさは相当のもの。カラスに悩まされたことのある方ならお分かりでしょうが、カラスは人間、猿、イルカに次ぐとも言われるとても頭のいい鳥です。狙いを定めた2秒後には気付いて逃げ出してしまいます。そして狙った人間の後ろ姿と車のナンバーをしっかりと記憶し、二度と近寄ってこないそうです。

そうしたカラスとの頭脳合戦を制し、上手い人になると1日何十羽も捕まえるそうです。この時期には1羽400円ほどで取引もされるというから驚きです。

さばく現場はご勘弁

初めて参加した時には、カラスをさばく現場を見てしまい(正確には、見せてくださったのですが…)、私の中の恐ろしがり屋の部分がムクムクと膨らんでしまって途中でギブアップ。最近は私のことを気遣って調理後のカラスしか私の前には並ばなくなりました。本当に面目ないです。

カラスといえば、今でこそ厄介者扱いをされていますが、古くは神武天皇東征の時にヤタガラスが熊野から大和に入る先導をしたと伝わり、現在でも日本サッカー協会のシンボルマークに使われています。「七つの子」の童謡にも歌われていますし、もっと親しみを持ってもいいんじゃないか、という気もします。そんな意味でカラスを丸ごと食す、ひたちなか市の人々は、カラスへの愛があふれているとは言えませんか。

宇宙人はコーヒー飲む?

夜の宝達山が、夕焼けのように赤く染まっていました。1945年8月2日、大勢の市民が犠牲になった富山大空襲。当時4歳だった私は、母親の実家がある、現在の宝達志水町紺屋町あたりに疎開していました。空襲警報に飛び起きると、B29爆撃機が次々と飛んでいくのが見えます。あまりに日常からかけ離れた光景に、子ども心に「宇宙からの襲撃だ」と錯覚したのを覚えています。その後、宇宙人やUFOの存在を知り、日本が敗戦したのもそいつらのせいだと、しばらくは信じていました。

パネル討論の司会に

それから半世紀。羽咋に「UFO会館」を造ろうという計画が持ち上がり、どういうわけか、私に準備委員会のメンバーを務めてほしい、と依頼がありました。廣瀬とUFO、考えただけで妙な取り合わせですが、50年前の記憶が鮮明に残っていた私は、興味がわいて、快く引き受けることにしました。

1996年夏、総事業費52億超をかけた「コスモアイル羽咋」が開館しました。翌年、米国の第一線の科学者を招き「宇宙&UFO国際会議」が同会場で開かれることになり、何と私がパネル討論の司会を仰せ付かったのです。

宇宙人に誘拐されたことがあるという博士や、UFO墜落事件「ロズウェル事件」の生き証人、人間の体内に宇宙人が埋め込んだとされる極小チップを摘出したという博士。変人・廣瀬がかすんでしまうような、あくの強いメンバーが集いました。

英語でしゃべった

一体、何から聞いたらいいのやら。困った私は、控室で隣にいたカリフォルニア大のロジャー・リア博士に、何げなく「宇宙人はコーヒーを飲みますかね」と尋ねてみました。コーヒー研究に没頭していた私の、突拍子もない質問に、ギョロッと目を見開くリア博士。「そんなもん、分かるか」とばかりに軽くあしらわれてしまいました。こんなバカな質問をしたのは、後にも先にも私だけでしょう…。

米国のUFO研究の第一人者がそろった国際会議のパネリストら。右端が筆者＝1997年3月、羽咋市のコスモアイル羽咋

気を取り直してパネル討論の本番。今度は、宇宙人に会ったという博士に「宇宙人とはどうやって会話したんですか」と問い掛けました。身ぶり手ぶり？　テレパシー？

返ってきた答えは「イングリッシュ」。宇宙人が英語をしゃべる？「そんなわけあるか」と突っ込みそうになりましたが、そこは抑えて。でもその一言がきっかけで、私は宇宙人を信じるのをきっぱりとやめてしまいました。

UFO学は猛反発にあう

しかし、一度こういう仕事をさせていただくと、その後、いろんなことがついてまわるものです。

私は金沢大学の公開講座で「コーヒー学」をやっていますが、実は「UFO学」をやったら面白いんじゃないか、という話になったことがあります。実現すれば日本初です。

しかし理系の教授陣から案の定、「理学部の教授たるものがUFOを信じるとは何事か」「訳の分からんことをやったら学生も困るだろう」などと猛反発にあい、断念した経緯があります。

そもそも、私はUFOの専門家でも何でもありません。第一人者とされる人物と多少言葉を交わしただけなのです。ですが、全国のUFOの熱心な研究者から見解を求められることもしばしばで……。

「このひっかき傷は宇宙人がやったんじゃないか」「UFOに関する発見をした」。毎年、年賀状の時期になると思い出したように情報が寄せられます。実際に会って話すと、本当に宇宙人のような顔（イメージですよ）をした研究者もいました。あまりに考えすぎると似てくるんでしょうかね。

熱心な彼らは、いい加減な私の知見にも真剣に耳を傾けてくるから困るんです。先の宇宙人に似ているという研究者は長野でブドウ農家をしており、時々おいしいブドウを送ってくださいます。お礼の電話をすると、待ってましたとばかりに、延々とUFOの話に付き合うことになるのでした。

ふと右手をみると「あっ！」

私は20年ほど、右手の指に包帯を巻いて過ごしています。初めて会った人はもちろん、外国に行こうもんならしつこいぐらいに理由を聞かれ、ほとほと嫌気が差したこともありました。しかしそれもケガを心配してくださってのこと。そんな皆様の手前、申し上げにくいのですが、実はこの指、もう痛くもかゆくもないんですよ。

利き手に包帯を巻いていますが、実は痛くもかゆくもなくて、コーヒーも優雅に飲めます

破壊工学の研究者にとって、ケガはつき物と言っていいでしょう。金づちで指をたたいたり、ヤスリで手をこすったり…。私なんかは物理を学んだのに、機械工学という別の分野の先生になったもんだから、技官や学生の前でいいカッコをしようとして失敗するというパターンばかりでした。

52歳、破壊工学の研究者としてちょうど脂の乗った頃、「悲劇」は足音も無く訪れました。

その日は大学でゼミ生と、金属を溶かす実験をしていました。30代後半に米国で論文を何本も書いて以来、私のライフワークになっていた「離れ亀裂」の研究の一環で、金属のどの部分に割れがあるのかを確かめる実験です。金属の棒を箸のように使って材料をつかみ、フッ化水素に付けて溶かします。実験をしながら、前にいるゼミ生に向かって熱弁をふるっていると、ふと、右手の異変に気付きました。手元を見ると、フッ化水素が材料と共に金属の箸も溶かし、私の手もろともズブズブズブっとフッ化水素の中に吸い込まれていくところでした。

フッ化水素は劇薬です。人間の肉や骨も溶かしてしまいます。もし完全犯罪を考えているならどうぞ、というのは冗談として、本当に危険な薬品なのです。

私は我を忘れ、水道に走りました。蛇口をひねり、水をバッとかけて薬品を流そうとしたところ、今度は指で爆発のような反応が起き、骨までむきだしに。冷静に考えれば、フッ化水素に水を急激にかけるのは、危険きわまりない処置です。青ざめた私は、大学病院へ駆け込みました。

ドブスに突っ込む

医者は、焼けただれた私の指をみたにもかかわらず「化膿《かのう》止めを飲んで、あとはうまいもん食べてれば治りますよ」とあっさりしたもの。そんな医者の反応にホッとして大学へ帰ると、午後のソフトボール大会の決勝戦に助っ人で出てくれないかと誘われました。

お調子者の私は、ケガのことなどそっちのけですぐにユニホームに着替えました。守備位置はセンター。気合を入れて守っている私のところに、フライが飛んできました。大きな当たり。これは見せ場だとバックしながら球を追いかけたまではいいものの、足がもつれ、手から「ドブス」に突っ込んだのでした。そのドブスというのがまた汚くて、洗っても傷口がうずきます。「病院に行かんとヤバイなあ」と思いながら、そんな時に限ってチームは見事優勝。一同で祝賀会になだれ込みました。

「祝賀会が終わったら今度こそ病院に」と固く決意するも、今度は機械学会の事務局から電話がかかってきて、論文の締め切りが今日だと言うわけです。「何とか待ってくれ」と頼み込み、明日の朝いちで郵送してくれれば認めましょうという話になり、それから慌てて家に帰って徹夜で論文を仕上げ、朝6時に郵便局へ持って行きました。その頃には指の痛みもほとんど無くなっていて、コーヒーを飲みながらのんびり病院が始まるまで時間をつぶしました。

「すぐに手術や」

「まあ、大丈夫やろう」と軽い気持ちで指をみせると、今度は医者がびっくりして、「すぐ手術や」ということになりました。それで手術をしたんですが、その傷跡から、爪《つめ》がどうしても反ってうまく出て来ない。足の指の爪を移植することもできたそうですが、何だか手間がかかりそうなので、爪を切って絆創膏《ばんそうこう》を張り、包帯をしました。そうしておけば、何の支障もありません。ですから、今でもそのままにしてあるんです。

とはいえ、ケガを恐れていては実験はできません。すぐに手当てをしていれば、何の問題も無かったわけで、年を重ねて生まれたちょっとした油断が、この「悲劇」を招いたのかもしれません。

以来、指が思うように使えないので細かい実験がおっくうになり、ついでに性格までおおざっぱになってしまいました。それで一番喜んだのは、いちいち細かいことを指摘されなくなった、私の助手たちでしょうか。

東北の被災地に無臭トイレを

2011年5月下旬、東日本大震災で津波の被害が大きかった岩手県陸前高田市へ行ってきました。私の発明品が、被災地で役に立つのではと考えたからです。

同年1月の北國新聞に、私が「極上のコーヒー」を作る焙煎《ばいせん》機を開発している、という記事が掲載されました。それは、コーヒー豆を火ではなく、約500度の過熱蒸気で一気に焼くという方法で、焙煎時間は3分の1に短縮され、焼きむらもなく、豆の風味やすっきりした味わいが残るという「画期的」な焙煎法です。

嫌な臭い成分を無臭化

その焙煎機で豆を焼く実験をしている過程で、この高温の蒸気が、窒素や硫黄などの嫌な臭いの成分を無臭化する作用があることに気付きました。これは何かに使えるぞ、と思っていたところに、あの大震災が発生したのです。

震災後しばらくして、被災地でボランティアをして帰ってきた知人が研究室にやってきました。開口一番、「トイレの悪臭には苦労させられた」と現地の様子を語る彼に、私は「コレだ」と膝《ひざ》を打ちました。先ほどの焙煎機で、コーヒー豆ではなく汚物を焼けば、臭《にお》いのない仮設トイレができるのです。私の発明品が、被災地の悪臭問題を少しでも解消できるならば、こんなにうれしいことはありません。

私は早速、無臭トイレの製作に取り掛かりました。仮設トイレに約500度の過熱蒸気で汚物を加熱、乾燥させる装置を取り付けます。名付けて「スチームドライトイレ」です。

画期的発明のトイレ1基をトラックに積み、5月26日、金沢を出発しました。途中、岩手県遠野市で1泊し、27日早朝、陸前高田市の矢の浦地区に到着しました。

この地区は、海から1キロほどの場所で、40世帯のうち11世帯が津波で家を流されてしまったそうです。地域を少し歩いてみると、坂の途中に、紙一重のところで津波の被害を免れた家と、流されてしまった家の境がありました。

私自身、運だけで人生を乗り切ってきたようなもんですが、目の前には、運が良かった、悪かったでは片づけられない、厳しい現実の光景が広がっていました。

津波で家が流された11世帯のうち、6世帯が避難所生活を送っているとのことで、発明品を持って避難所を訪ねました。すると近くにはすでに仮設トイレが並んでいます。しかも、悪臭はほとんどありません。住民に話を聞くと、水洗の仮設トイレが設置されてからは、臭いに苦労はしていない

避難所近くに無臭の仮設トイレを設置した筆者＝27日、岩手県陸前高田市

とのこと。一足遅かったわけです。

トイレより魚の臭い

しかし、せっかくはるばる金沢から持って来たので、実験も兼ねて被災者の方に無臭トイレの効果を試していただくことにしました。老婦人に用を足してもらうと、すぐに臭いが無くなりました。「普段の仮設トイレより、臭わなくていいわ」とおっしゃっていただき、手応えを感じていると、別の住民の方から「それより、この魚の臭い、どうにかならんもんか」との声が上がりました。

確かに、私も気になっていました。トイレは臭わないのですが、津波で打ち上げられた魚が腐って、嫌な臭いが充満していました。そこで試しに腐ったサンマを拾ってきて、トイレの便槽に入れてみました。臭いのセンサーで測定すると、入れる前の12に対し、入れた後は500近くまで数値が上がりました。とても我慢できる臭いではありません。それが、過熱蒸気で熱することで、24まで抑えることができました。

過熱蒸気が、魚の腐臭対策にもなる可能性をつかんだところで、無臭トイレはお呼びでなかったようなので、持ち帰ることにしました。被災地で何が求められているのか、実際に足を運んでみないと分からないものですね。

「何かの役に立ちたい」と思って勇んできたのに、何の成果もないまま帰るような廣瀬ではありません。翌日は丸一日、流木やごみの後片付けのボランティアに汗を流し、帰路に就いたのでした。

ブレイクタイム5
アレンジコーヒー

コーヒーにミルクやチョコレート、アルコール類を加えることによって、さまざまな味を楽しむことができます。アレンジコーヒーは深煎《い》り（フルシティ、フレンチロースト）やエスプレッソを使います。代表的なアレンジコーヒーを紹介しましょう。

◎カフェオレ

深煎りのコーヒーに同量のホットミルクを加える。

◎カフェショコラーノ

カップにチョコレートと砂糖を入れて、濃い目のコーヒーを注ぐ。ホイップクリームを乗せ、チョコレートを削り散らす。

◎カフェモカ

ココアペーストを入れたカップに2倍の量のエスプレッソを注ぎ、さらに泡立てたミルクを注ぐ。仕上げにココアペーストでトッピングする。

◎カフェラテ

エスプレッソ1に対してスチームしたミルク4を注ぐ。ミルクの泡は注がない。

◎カプチーノ

カフェラテと作り方はほぼ同じだが、ラテと違って泡も注ぐ。シナモンパウダーをかけてもよい。

◎カフェマキャート

エスプレッソとミルクの量は、ラテやカプチーノと同じだが、先にミルクをカップに注いだ後からエスプレッソを注ぐ。

◎ウインナコーヒー

深煎りのコーヒーの上にホイップクリームを乗せる。

◎アイリッシュコーヒー

ざらめ砂糖とウイスキーを入れたグラスに、層ができるようにコーヒーを注ぎ、仕上げにホイップクリームを乗せる。

第6章　珈琲博士の青春

拝啓、根性良夫様

「拝啓、根性《こんじょう》良夫《よしお》様」。中学校時代、友人から届いた手紙に、こう書かれていたことがあります。ここからは、廣瀬という変わり者がどのように形成されたのか、さかのぼってみたいと思います。

私が友人から「根性良夫」と呼ばれたのは、あまりにお人好しだったからです。おろしたての下駄《げた》で銭湯に行っても、使い古しを履いて帰ってきます。戦後に街角で物ごいの傷痍《しょうい》軍人を見掛けると、親からもらったなけなしのお小遣いを、全部あげてしまいます。親には「お前はどうしていつもそうなんだ」とあきれられたものでした。

おだてられれば木にものぼります。金沢市の瓢箪町小の卒業を控えたある日のこと。当時は50人ほどのクラスで12人に市長賞、学校長賞、優等賞がもらえました。自分としては成績は悪い方ではないと思っていたので、どの賞かな、と期待していた私。しかし結果は、いずれの賞にも該当しませんでした。

「なんで賞があたらないんや」。私は先生に訴えました。私としては、自分より成績が悪い生徒が賞に入っているように思えたのです。

すると、若い女先生は「あんたみたいに落ち着きの無い子にあたるわけないやろ」とぴしゃり。

ショックでした。しかし、確かに思い当たる節はあります。落ち込んでいる私に、先生は優しくこう付け加えたのです。

「廣瀬君は、皆勤賞をもらっとるじゃない。1回も遅刻も欠席もせんかった。すごい精神の持ち主やよ。どの賞より素晴らしいことやがいね」

こうおだて上げられた私は、その後、中学、高校も皆勤賞だけは貫いたのでした。

突然目の前が真っ暗に

さて、先生が言わんとしたのは、私の落ち着きのなさだけではなかったと思います。私は授業中、ほとんどうわの空でしたから。一つのことが気になると頭から離れず、ずっとそのことを考えてしまいます。それどころか、何かひらめくと突然立ち上がって興味のある方へ走っていくもんですから、先生はほとほと困ったことでしょう。

そんな性分が災いして、危うく命を落としかけたこともありました。

小学生のころ、私はいつもの調子で考え事をしながら、おやじの実家の近くの田んぼを歩いていました。するとふっと目の前が暗くなり、ドスンと衝撃が走りました。一瞬、何が起きたのか分かりません。周囲を見渡して、ようやく状況を理解しました。私は肥だめに落っこちたのです。昔はよく道に、大便をためておく肥だめがありましたよね。私は、肥だめの中程に作ってあった段にかろうじて引っかかっていました。段がなければ、私は今ごろあの世にいたでしょう。

こうして死にそうな目にあったというのに、廣瀬少年は別のことを考えていました。「なんで肥だめなんに、臭くなかったんやろう」。

ずっと、ずっと気になっていて、教授になったころにようやく理由が分かりました。私が落ちたのは1年半ほど放置された肥だめで、大便の中にある腸内菌から出たバクテリアが、食べるものが無くなって冬眠状態となり、臭いがしなくなったというカラクリでした。この仕組みを基にして、生ゴミ処理機の発明にもつながりましたよ。

蛇に電流を流す

私は、人が気にも留めないところに引っかかり、自分で試さないと気が済まないところがあります。小学校のころ、蛇、蛙、なめくじの「三すくみ」で、なぜなめくじが蛇に勝つのか実験したこともあります。なるほど、蛇はなめくじの通った跡を避けて通ります。無理やり跡を通らせると、翌日には死んでいました。

蛇に3ボルトの電池を付けると、とぐろを巻いて冬眠する性質も見つけました。昔はよく、蛇を蒸し焼きして食べたものですが、その時に便利ですよ。

こうして、命を落としかけても、私は懲りることもなく気になったことを考え続けました。これが私の原点です。

正反対の兄貴二人

私には年の離れた二人の兄がいます。命知らずで破天荒な長兄、慎重そのものの次兄。性格はまるで正反対でしたが、友人らに「のろま」「とろまつ」と呼ばれていた幼き日の私には、どちらも自慢の存在でした。今回は私が大きな影響を受けた、二人の兄貴についてご紹介します。

「神雷《じんらい》部隊」に志願した長兄

16歳離れた長兄は幼いころから運動神経抜群で、海軍航空隊では予科練の教官に抜擢《ばってき》されました。終戦間際には「神雷部隊」と呼ばれた特攻隊に志願し、大分県佐伯市で出撃準備に入りましたが、いざ、というところで急きょ出撃は中止に。そのまま終戦を迎えたと聞いています。

戦後、一時的に金沢に戻ってきた兄は、絵描きになりたいといって金沢美術工芸専門学校（現金沢美大）に合格しましたが、結局は行かずじまい。やはり空を飛ぶスリルが忘れられなかったようで、再び上京、航空会社のパイロットを経て、マスコミなどの依頼を受け、セスナ機を飛ばす仕事に就いていました。

そんな兄の無鉄砲さを物語るエピソードがあります。

命知らずで、根っからの飛行機野郎だった長兄（手前中央）。特攻隊に志願した

まじめな性格で、50年以上の教員生活を全うした次兄（左端）。山岳部の顧問をしていた

交差する市電のすき間を

終戦後しばらく金沢にいた兄貴は、ある日、何を思い立ったのか、幼い私を連れて金沢市十間町に向かいました。

「ここで見とれ」。そう言い残すと、兄は自転車に飛び乗って十間町の坂をものすごい勢いで走り出しました。自転車が向かう先は、当時、市電が通っていた武蔵が辻と香林坊を結ぶ大通り。ちょうど双方向の市電がすれ違おうとしていました。それでも兄はスピードを緩めるどころか、さらに加速したのです。

「ぶつかる！」

思わず目を背けそうになると、兄は市電がすれ違う直前のすき間を見事にすり抜けて見せたのです。死ぬことを恐れない、本当にむちゃくちゃな男でした。

いい思いをさせてもらったこともありました。私が大学時代のこと。石原裕次郎と浅丘ルリ子主演の映画「何か面白いことないか」（1963年）の撮影で兄が航空技術指導として、飛行機乗り役の裕次郎さんの吹き替えをやったことがあります。その撮影現場に、私を連れて行ってくれたのです。

人気絶頂の二人がすぐ目の前にいます。私はソワソワ、ミーハー心を隠そうにも体からあふれでてしまいます。大スターと一緒に仕事するなんて…。兄の偉大さをあらためて感じたものです。

ふと、浅丘さんと目が合いました。ドキッとして思わず目をそらすと、浅丘さんの方から近付いてきます。「あら、廣瀬さんの弟さん?」。何と私のような者に声までかけてくださったのです。天にも昇るような気持ちとはこのことだな。生きててよかった、と思いました。

兄はそれからしばらくして飛行機事故で亡くなりました。三陸沖で発生した漁船沈没事故の取材に協力した際、セスナ機のエンジンに不具合が起きたと聞いています。36歳の若さでした。

半世紀余り教員だった次兄

一方、8歳上の次兄は、まじめを絵に描いたような性格。東京の私大を卒業後、公立高校で38年、私立高校で14年、計52年間の教員生活を送った後でも「私は教育マシンではあったが、本当の教育者になれたのだろうか」と自問しているような人です。

私が若いころは、学校を出て一番いい職業といえば、公務員か学校の先生という時代でした。兄は私が中学、高校のころにはすでに先生だった訳ですから、やっぱり誇りでした。

長兄と違い、何をするにも緻密な計画を立てます。山岳部の顧問を務めていましたが、道に迷うなどのトラブルは皆無だったと聞いています。

ただ、すぐ説教じみた話になるのが玉にきずで、私がこんな性格ですから、大人になっても何度となく苦言を呈されました。しかし、それも私を思ってのこと。

考える前にまずはやってみろ、いやいや、ここは慎重に。2人の兄貴の背中を見て、今の廣瀬がいるのです。

筋金入りの「恐ろしがりや」

少年時代の私は、お人よしの「根性良夫《こんじょうよしお》」だったという話を新聞に書いたところ、友人から「いやいや、お前はむしろ『ガキ大将』だったよ」と電話がかかってきました。運動神経が鈍くて「とろまつ」と呼ばれていた私ですが、集団をまとめる力はあったらしいのです。本人はあまり自覚していませんでしたが…。

統率力はあった

かつて少年野球チームに所属したことがあります。高学年になるとキャッチャーを任され、仲間にあれこれと指示を飛ばしたり、チームを盛り上げたりと、それなりにやっていたんでしょうね。なんだかんだで金沢市の大会で優勝したことまであります。私を「ガキ大将」だったと指摘した友人はそのことを覚えていて、「お前は野球はうまくなかったけど、統率力があったがいや」と言うのです。

アニメの「ドラえもん」に出てくるジャイアンのような豪快さはありませんでしたが、みんなをまとめるという意味では、私は「大将」だったのかもしれません。

大学の研究室もチーム戦です。教授になってからも、私はこの「能力」のおかげで、学生らの力を引き出せたのではないでしょうか。

◆「死んだもの」に恐怖◆

一方、私には、家族や近い友人しか知らない一面があります。金沢弁でいうところの「恐ろしがりや」なのです。

私は昔から「死んだもの」に対し、ものすごく恐怖を感じていて、死んだおやじの納棺の時にも、親族は別れを惜しんで顔を触っているのに、私は後ろの方に隠れていました。そばに寄れないんです。

知人が、魚を1匹丸ごと贈ってくださった時もそうです。さばくのは男の役目と腕まくりしてまな板の前に立つのですが、魚と目が合ってしまうともう駄目です。しばらくは魚を口に入れることもできなくなってしまう始末です。私の「恐ろしがりや」は筋金入りなのです。

常に論理的な思考を求められる科学者が、幽霊や死に神を恐れているなんて、笑っちゃうでしょう。

思い返すと、私の潜在意識にある恐怖は、子どものころに近所に住んでいた「大御所」が影響しているのではないかと思います。

◆「怖い話」がトラウマに◆

近所の子どもたちのまとめ役をしていた大御所は、石屋の隣に家があり、よく子どもたちを集めては「怖い話」をしてくれました。大御所の話は実話なのか作

実は「恐ろしがりや」の筆者（奥）。魚とは目も合わせられません＝金沢市の近江町市場（撮影協力・大口水産）

り話なのか分かりませんが、怖いものへの興味が手伝って、よく聞きに行ったのを覚えています。

私らは石屋の墓石や庭石に座って大御所の話を聞いているわけですが、「お前の座っとる下に死体がおるぞ～」とかいって、驚かせるわけですよ。それがトラウマになったに違いありません。

寺の娘に恋して

「恐ろしがりや」が原因で恋心が一気に冷めたこともあります。高校のころ、かわいいなと思いを寄せていた娘がいたのですが、その娘がよくお菓子をくれたんです。私はお菓子が好きなので、喜んで食べました。しかし、それにしても頻繁にお菓子を持ってきてくれるので、気になって「このお菓子どうしたん?」って聞いたところ、「葬儀で残った物や」と言うんです。

その娘は寺の子なので当たり前だったのでしょうが、「恐ろしがりや」の私は、血の気が引く思いでした。今でも精進料理は腹が減っていても食べられないほどで、「死んだもの」や、それを連想させるものを極力避けていた身には、ショックでした。

いやはや、そんなこともありましたが、「恐ろしがりや」の面は極力見せずにこれまで生きてきたつもりです。でも次兄に言わせると、この特徴が一番、私らしいんじゃないかということでした。

「根性良夫」「ガキ大将」「恐ろしがりや」。さて、どれが私の本質を突いているのやら。自分でもよく分からなくなりました。

試験攻略には麻雀《マージャン》戦法

私の人生を振り返ってみると、ことあるごとに「見えっ張り」な性分が見え隠れしてきました。その始まりは大学時代にまでさかのぼります。

私が通っていた頃の金沢大学理学部は、井上靖らが通った「旧制四高」のあった場所、現在の石川四高記念文化交流館にキャンパスがありました。これでも「バンカラ」の端くれなのです。

講義にはほとんど出た記憶がありません。物理というやつは、途中でつまずくと何もかもが分からなくなり、嫌になったんですね。でも見えっ張りなもんだから、再試験は受けたくないわけです。

そこで一計を案じました。

優秀な学生を呼んで

当時、金沢市の瓢箪町にあった実家には私一人しか住んでいなかったので、空いている部屋を麻雀部屋にしました。そして試験前に「麻雀をしよう」と言って、優秀な友人4人を家に集めます。

寿司《すし》をとったりして彼らをもてなし、上機嫌になったところで「これまでの講義で試験に出るとしたらどこかなぁ」と予想問題を聞き出すのです。一人4問考えてもらえば16問、重複した問題は出る確率が上がります。傾向が分かっていれば、さすがの私でも対策が立てられるので、見事、一発合格できたというわけです。

この麻雀戦法で、主要科目は難なく乗り切りました。しかし周囲は「あの不真面目《ふまじめ》で講義も出ていない廣瀬がなぜ…」と首をひねります。そしていつの頃からか私は「勝負師」と周囲からささやかれるようになったのでした。

こんな風に、いい加減に生きているくせに、「教養が無い」と言われるとカチンと来て、思わず入部したのが「クラシック研究会」でした。週に3回ほど10人ぐらいが私の家に集まり、一室の音源から、各部屋に配線して（そういうのはお手のものですから）、日が昇るまでベートーベンやモーツァルトを聴き明かしたものです。

みんな、まるでわが家のように飯を食ったり、風呂に入ったりするもんだから、ちょうど風呂から上がった女の子と、突然やって来た私の母親が鉢合わせして驚かれた、なんてこともありましたが、今では笑い話です。

そんな私にも将来のことを考える時期がやってきました。就職するか、大学院に進むか。当時、兄貴が高校の先生をしていたので、「学校の先生にだけはなるもんか」と思っていました。まともに授業

金沢大学理学部に通っていた筆者（左から2人目）。
気分は四高生です

に出たことのない私が先生というのは、どうもしっくりこない。それでとりあえず、大学院に進むことにしました。理由はただ一つ。かっこいいからです。

不純な動機で金沢大学の大学院に行ってみたものの、これといった成果もなく、ただ修了しただけといった感じで、結局は高校の先生になりました。その後理髪専門学校の講師をした時代もあり、金沢高専の講師を経て、金沢工大の助教授になったのでした。

見えっ張りだったからこそ

大学では物理を学んだのに、金沢工大では機械工学を教えることになり、でも見えっ張りだから「教えられない」とは口が裂けても言えないわけです。だから自分も金沢大学の工学部で学生に交じって機械工学の講義を受けながら、金沢工大では学生の指導に当たる、という日々を送ったこともありました。

その後、金沢大学助教授になってから、破壊工学の分野で論文を何本も書きましたが、どうしても自分の専門はコレという自信が持てず、物理の連中が集まっている場では「専門は機械」、機械の専門家が集まる場では「専門は物理」と言って、あっちでもこっちでも逃げ回ってきました。これも専門分野で恥をかきたくないという、単なる見えっ張りです。

しかし、見えっ張りだったからこそ、背伸びをして、自分の力以上のことにも挑戦したし、表面を取り繕うために陰ながら努力もしました。見えっ張り人生も、そんなに悪くないでしょ。

やっぱり女房はすごい

私がここまでコーヒー研究に没頭できたのも、いろんな発明をしてこられたのも、寛大な女房がそばにいてくれたおかげです。臨床心理士で、大学でカウンセラーをしています。学生の話は一生懸命聞いているようですが、私の話はあっさり受け流されているこの頃です。夫婦になったのは、恥ずかしながら私の一目惚《ひとめぼ》れです。

約束の時間に現れず

女房と出会ったのは28歳の時、私は金沢工大の助教授でした。ある時、学生を連れて神奈川県川崎市へ工場見学に行くことになり、「この機会に会ってみないか」と勧められたのが、うちのかあちゃんでした。

横浜出身で、当時の女性としては珍しい慶応大卒。事前の写真からは、金沢にはない、洗練された都会の風が吹いてくるようでした。いくら何でも私には高嶺《たかね》の花なんじゃないか、と思いながらも、せっかくのお話なので会ってみることにしました。

工場見学が終わったら、川崎駅で待ち合わせ、ということになっていました。ところが、約束の時間

筆者が一目惚れした写真の中の黎子夫人。都会の風が吹いているようです

になっても彼女は姿を現しません。おかしいな、と思いながら1時間待っても、まだ来ません。そのころは携帯電話なんていう便利なものはなかったので、待つしかありません。もしかして、直前になって気が変わったんじゃないか、などと不安が募ってきます。

ソワソワがピークに達した時、「そういえば」と彼女の自宅の電話番号を聞いていたのを思い出し、公衆電話へと走りました。電話に出たのは彼女のお母さん。「待ち合わせ時間に合わせて出て行きましたよ」と言います。アレレ、どうやら私が待ち合わせ場所を間違えたようです。

あわてて、駅構内を探すと写真の女性は2階で待っていました。田舎もんの私は「駅で」といえば1階だと思い込んでいたのですが、彼女は電車の出入りする2階でずっと待ってくれていたのです。駆け寄って私の失態を説明すると、彼女は笑って気にしないようでした。写真より、もっとステキな女性でした。

おふくろがおもむろに

しばらくして、今度は彼女が金沢に来ることになりました。私は喜び勇んで自分のふるさとを案内して回ると、彼女をわが家に連れて帰りました。この日、結婚への大きな決め手になる出来事が待ち受けているとも知らずに…。

一通りあいさつを済ませると、おふくろがおもむろに立ち上がりました。そして庭から柿をもいできて、手早く切ると「さ、食べまっし」と彼女に差し出しました。

使い古した包丁で切って、しかも手渡しです。横で私は「なんて田舎くさいことするんや」と彼女の反応をひやひやして見つめました。

すると彼女は柿を受け取り、「ありがとうございます」とほほ笑むと、ためらうことなく口に運んだんです。都会育ちなのに気取らない様子に、私は「結婚するならこの人しかいない」と心の底からそう思いました。

親父「嫁にせえ」

後から考えると、おふくろは彼女を試したんじゃないかと思うんです。以前、兄貴が連れてきた女性にも同じようなことをしていましたし、女性がどう反応するか、うかがっていたのでしょう。

私自身、地元ではなく横浜から嫁さんをもらうことに、両親が戸惑っているのではないか、両親が反対ならあきらめようと思っていました。しかし後でおやじに聞くと「あんないい子はおらんから、嫁にせえ」と、むしろ背中を押されました。ちゅうちょなく柿をほおばる気楽な姿に、両親も安心したのでしょう。

結婚直後、私もまわりから急に落ち着いたと言われ、二人の息子を授かり、人並みな家庭を持つことになりました。唯一の心残りは、結婚する時に「いずれは東京に住もう」と約束したのに、果たせなかったことです。でも今は「金沢に住んでいて良かった」と言ってくれています。かあちゃんには一生、頭が上がりません。

金がないなら、つくってしまえ

私がコーヒーにのめり込むようになったころ、実は、研究者として大きな苦境に立たされていたのです。

金沢工大機械工学科の助教授だった30代前半、私はゼミに30人ほどの学生（卒研生）を抱えていました。寄付していただいた大きな圧延機に手を加え、ようやく実験が軌道に乗ってきたところで、これで研究者の仲間入りができると張り切っていました。

金沢大学に移ることが決まったのは、そんな頃のことでした。用意されていた職場は、理工学部ではなく、教育学部でした。高校の工業教員と中学校の技術の教員を養成する学科です。

5月の連休明け、大学の研究室の戸を開けると、がらんとした空間にゼミ学生が一人。「よろしくお願いしまぁす」と頼りなさげに頭を下げました。キョロキョロと見渡しても他にだれもいません。金沢大学へ移る前から分かってはいたのですが、この学科は、先生の数に対し、ゼミ学生が半分しかいないのです。むしろ、誰もいないのではと思っていたところへ一人来てくれたので驚きました。

金沢大学に移った直後の筆者。新たな職場で、希望に燃えていたはずが…

でも、これでは実験ができません。そういえば、と前の職場で教授が言ってくださった言葉を思い出しました。金沢大学に移る話が出た時、どうしようか迷って教授に相談したところ、教授は「心配するな。これからも設備は使いにこいや」と言って下さったのです。その言葉にすがるように、私は古巣へと向かいました。ところがどっこい、私の研究室にあったはずの機械は、きれいさっぱりとなくなっていたのです。

「約束が違うじゃないですか」

私は教授の元へ走りました。教授はやれやれ、といった感じで振り向くと「甘いよ。廣瀬君」と私を一喝したのでした。「辞めたら席はないし、機械も借りられるわけがない。世の中そんなもんだぞ」。あきらめて帰路についた私の頭の中で、教授の冷たい声がこだましました。

金沢大学に戻ったところで、私の学科には研究のための設備は無く、新しくそろえる資金もありません。「えーい、ないならばないで、つくればいいやないか。何もないのがワシの誇りや！」。私は腹をくくりました。

新しいテーマは飛行機事故

何を研究テーマにしようか、金沢工大時代と同じことはやりたくありません。前から興味があってひそかに考えていたこと、飛行機事故の原因は水素じゃないかという見立てで計算式をたてていました。「これだ」と思いました。確かめるには、高度1万メートルに似た環境をつくる装置が必要です。

この「水素割れ実験」にあたり、一番問題になったのは、割れが進む時、割れの先端の力の集中度を制御する方法を考えることでした。当時は油圧で制御する装置が売り出されていましたが、かなりの高額。そこへ運良く、東大の油圧装置を見せて頂けることになりました。何かのヒントにならないか、必死で目に焼き付けようと観察し、ひらめきました。「油圧ではなく砂を出し入れした方が高い精度で実験できるんじゃないか」。

あらゆる技術を駆使

装置を製作する費用はすべて自腹です。装置の大枠は土台の上に鉄骨で組立てます。細部はプラスチック、ブリキなどを使い、コンクリート技術、機械加工、溶接、溶断、プラスチック技術などあらゆる技術を駆使する必要があります。機械加工は教育学部、工学部の実習工場、石川県工業試験場の設備を借りることにしました。

「私には何もない」とした前言を少し撤回。ゼミ学生が一人いました。A君と私とで協力して前へ進むしかありません。「君とやるしかないんやぞ」。自らを鼓舞するように言うと、「もう一人いますよ」とA君。教育学部の初等教育（小学校教員養成）科で学ぶ、小柄な女の子を連れてきました。どうやら、彼の意中の女性のようです。猫の手も借りたい私にとってありがたい助っ人でした。

能登の砂で手づくり装置

30代前半で金沢工大から金沢大学に移った私は、研究するための実験設備も資金も無いというピンチに陥りました。そこで「装置がないならつくってしまえ」と、ゼミ学生のA君と、彼が助っ人として連れてきた彼女と共に難題に挑むことになったのでした。

トラックに乗せてもらえず

私がやろうとしていた「水素割れ実験」には、割れの先端の力の集中度を制御する必要があり、私は砂を使って制御する装置をつくろうとしていました。A君の家に軽トラックがあるというので、砂を調達するため能登の砂浜に行くことにしました。

決行の日、約束通り軽トラックで来たA君。ところがA君は、助手席に彼女を乗せると、あろうことか「先生は列車で来て下さいね」と言い残し、そのまま出発してしまったのです。

取り残された私は、仕方なく列車で追いかけました。やっと到着すると、二人はすでに仲むつまじく砂を拾い始めています。とてもいい雰囲気で、お邪魔かなとも思いましたが、装置の完成が最優先。置いてい

列車にゆられる筆者。砂調達の際はひどい目に遭いました

かれた腹いせもあって、二人の間に割って入るように、私も砂を拾いました。

必要な量の砂を確保し、やれやれと汗をぬぐっていると、どこからか「お疲れ様でした〜」という声。A君と彼女はまたも私を置いて、軽トラックで走り去るところでした。

どうやらこの日、装置をつくる使命感に燃えていたのは私だけ。二人にとってはただのデートする口実だったようです。トホホ。

息ぴったりでも徹夜続き

そしてこの時期、何よりもお世話になった方がいます。金沢工大時代に同じ助教授でいた石川憲一先生(現・同大学長)です。石川先生は私の窮状を知り、「大変やろう。学生を貸すよ」と言って5人ほど学生をよこしてくれました。そして半年以上かけて手づくり装置が出来上がりました。

実験は、私が自作の顕微鏡で割れの長さを読み取り、次に、彼女が読み取った割れの長さから荷重を決め、さらにA君が焼いた砂の出し入れで荷重を調節するという、三人が協力しないとできないものでした。さすが、A君と彼女は息ぴったり。作業はスムーズに進みました。そうは言っても、徹夜は何日も続き、しかもミリ単位の実験に、よくぞ根気よく付き合ってくれたと思います。

そして、とうとう研究結果を学会で発表する日がやってきまし

若かりし頃の筆者(右)と石川学長

た。私が金沢大学に移ってから、2年が経過していました。

米の学会誌にも紹介される

教育学部だったために研究費を十分にもらえなかった私は、理工学部でなくてもこんだけやれるんやぞ、とばかりに実験結果を並べました。それが学会誌にも紹介され、何千万もする装置を手づくりしたことが、破壊力学の第一人者、東大生産技術研究所の北川英夫教授の目にとまったのです。

北川先生は、「装置を見たい」と、わざわざ金沢大学までやって来ました。そして我々の苦労の結晶を前にし、「自分たちでこれだけの機械をつくるヤツなんて見たことない」と目を丸くしました。あきらめずに頑張ったかいがあった、と実感した瞬間です。石川先生、実験を手伝ってくれた学生には心から深く感謝しています。

ちなみに調達した砂は、実験が成功して装置を解体した際、元の場所に戻しておきました。

私の研究は海を渡り、英国・ケンブリッジで講演したほか、米国の学会誌でも紹介されました。手伝ってくれた学生カップルはといえば、「研究がおもしろくなった」と言って大学院に進み、その後めでたく結婚しました。

私自身、この逆境を乗り越えたことが自信となり、「町のエジソン」として、さまざまな発明をする原点になった出来事です。そればかりか、ケンブリッジでの講演を、石川県出身の米国ノースウエスタン大の村外志夫氏が聞いていたことが、後の米国行きにつながったのでした。

英国で金沢弁丸出し

「おい、そこの金沢の田舎もん。英語でしゃべったらどうだ」

移動中のバスの後方から声が飛んできました。しばらく何のことか分かりませんでしたが、どうやら私に向けられた言葉のようです。

30代で金沢工大から金沢大学に移り、自作の装置で行った「水素割れ実験」が認められた私は、ケンブリッジ大の学会に出るため英国へやってきていました。

そう、ここは紳士の国。そりゃあ、金沢弁丸出しだったかもしれません。ジェントルマンからはかけ離れた男かもしれませんが、そんな言い方はないと思いませんか。などと腹を立てている場合ではありません。なぜ声の主は、私が金沢から来たと分かったかが、話のカギなのです。

この前日、私はケンブリッジ大の学会で「水素割れ実験」の成果を発表しました。金沢大学に移ってからの2年をかけた研究です。英

ケンブリッジ大の学会に出るため渡英した筆者(中央)。カフェで語らいながらも、顔に余裕はありません。左は北川英夫先生(後に東大名誉教授)、右は小林英男先生

語が苦手なので、取り繕いながら何とか説明を終えたところに、質問の手があがりました。

50歳ぐらいの男性で、顔は日本人のようにも見えますが、流ちょうな英語です。一つ答えるとまた一つ、しつこいぐらいに質問してきます。どの質問も的を射ています。国際学会ってすごいところやなあと思いながらも、自分の自信のなさに辟易《へきえき》したのでした。

そうです。バスの中で聞いた声は、あの質問者と似ています。顔を見ると、間違いありません。学会での追及も考え合わせると、彼は私のことがお嫌いのようです。

胸にモヤモヤしたものを抱えたまま、バスは目的地のオックスフォードへ。楽しみにしていたシェークスピアの観劇を終え、いい思い出ができたなあとしみじみしていたところへ、同じ学会に出席していた小林英男先生（後に東工大名誉教授）に呼び止められました。

「廣瀬君、村先生が君にホテルの部屋へ来てくれと言ってるぞ。ところで、どうして村先生がお前のこと知ってるんだ?」

本当に不思議そうに首をかしげます。彼の言う村先生とは米ノースウエスタン大教授の村外志夫氏。頭脳流出の一人にも数えられた応用数学・物性論の世界的権威です。なぜと言われても、こっちが聞きたいです。

◆「これを金石《かないわ》のオヤジに」◆

そんな有名な先生が呼んでいるなら、行かないわけにはいきません。なぜ私のことを知っているのか、何の用かも分からず、恐る恐るホテルのドアをノックし、部屋へ入りました。するとそこには、学会でしつこく質問してきた、バスの中で田舎もんといった、あの男が座っていたのです。

村先生は高そうなネクタイを手に持って見せ、

「90過ぎたオヤジには派手かなあ。廣瀬君、どう思う」

と聞いてきました。

「す、ステキだと思います」

思わず声がうわずります。

「そうやろう。せっかくイギリスで買ったから、これを金石のオヤジに届けてくれんか」

「金石って、あの金石ですか」

「ほかにどこがある」

予想外の展開にあ然としながらも、これまでの謎がすべて解けました。なぜ私の金沢弁が分かったのか、目をかけて下さったのか。村先生と私は同郷だったことを、ここで初めて知ったのです。

以来、村先生と光栄にも親しくさせていただきました。

その翌年から、私に声を掛けてくれた小林先生が、村先生の招きでノースウエスタン大に行くことになりました。

「次は廣瀬君、君の番やぞ」

いよいよ、憧れのアメリカでの研究生活です。コーヒー行脚も楽しみだなあ。

「君はもう講義しなくていいよ」

海外の大学などに一時的に雇われている学者をポスドクと言いますが、俗に「傭兵《ようへい》」と呼ぶこともあります。何より、結果が全ての世界です。米ノースウエスタン大で、30代後半の私に用意されたのは月1300ドル、当時の日本円で約40万円の報酬でした。条件は二つ。講義を2単位担当することと、論文を年1本書くことです。

教室から受講生が消える

いよいよ講義初日。苦手な英語で講じる相手は、外国人20人です。私は、日本にいたころに英語で書いた本を3冊持参し、材料強度論について本の内容に沿い、自分なりに解説しました。「たどたどしかったけど、なかなかうまくいったやないか」。何とかこんとか初日を終え、ほっとしました。

2回目の講義。ドアを開けると、席にはたった3人しか学生がいません。「今日はみんな、用事があるんかなあ…」などとつぶやきながら、これはおかしいぞ、と思い始めていました。

そして迎えた3回目。がらんとした教室の後方に、じいさんが一人、座っていました。よく見ると、学部長(ディーン)です。

「いつも通り、授業をやれ」

私は言われるままに、これまでやっていたように講義をしました。しばらくすると、ディーンは「もういい、分かった」と立ち上がり、こう言いました。「君はもう講義しなくていいよ」。

新しいことがない

「やっぱりワシの英語力じゃ、ダメやったか…」。立ち尽くしている私に、ディーンが諭すように話し始めました。

「君の言っていることには、何も新しいことがない。自分はどう考えるんだ。本を切り張りする講義なら、君の下手な英語で言うより、参考文献だけ書いてあとは黙っていた方が、学生も喜ぶんじゃないか。とにかく君のやってることは大学の講義とは言わん」

日本で当たり前のようにやっていたことが、アメリカではまったく通用しなかったのです。ショックというより、みじめでした。恥も外聞も自分なりに知っているつもりでしたが、この時ばかりは「こんな大それたことなんで引き受けたんやろう」と、自分の強心臓ぶりに驚いたのでした。

村教授（右）やランダス教授（中央）とのゼミはビール片手に行われました。しかし発表する側の筆者はそれどころではなく…

条件の一つである「講義」をしなくていいと言われた私は、どうしていいか分からず、この大学に私を呼んでくださった大恩人、村外志夫教授＝金沢市出身＝に泣き付きました。話を聞いた村先生は「講義はいいから、論文をもう1本書きなさい」と優しくおっしゃってくださいました。くよくよしている場合ではありません。村先生の顔に、これ以上泥を塗るわけにはいかないのです。

新たな課題もちんぷんかんぷん

論文に集中することになった私に、村先生は、亀裂の先端の応力を計算するという新たな課題を与えました。専門分野だったので、ささっと計算し、翌日に持って行くと、村先生は「誰がそんなやり方でやれと言った。私の提案しているマイクロメカニクスを使ってやれ」と言い、分厚い本をドサッと置きました。

これで勉強しろというのです。毎週1章ずつ読んでいけば、3カ月で終わる計算です。そう言うと簡単ですが、最初の方は何とかこなした私も、章が進むに連れてちんぷんかんぷん。毎週、進ちょく状況を村先生のところの大学院生の前で発表せねばならず、なんせ、理解できないのですから、腰が重くなるわけで。「お腹痛かった」「歯が痛んで」「奥さんの両親が遊びにきた」など、勉強が進まなかった言い訳を考えては、ごまかす日々が続きました。そんなある日。

韓国料理店で食事中、薄いついたてを挟んだ向こうから、話し声が漏れ聞こえました。

「金沢から来てる廣瀬君っているだろう。どうも見込み違いだ。本人のためにもよくないから半年で首を切ろうと思ってる」

村先生の声です。話し相手は日本から来た教授のようです。

さすがの私も、この時ばかりは「強制送還」を覚悟しました。

窮地を救ってくれたチョウ君

30代後半で米国ノースウエスタン大に招かれ、研究を始めたまではよかったのですが、講義でも論文でも思うように結果を出せずにいました。そんな時、私を米国へ呼んでくださったノースウエスタン大の村外志夫教授＝金沢市出身＝が、私を首にしたいと話しているのを、聞いてしまったのです。

村先生の期待に応えられなかったんだという現実を突きつけられ、ぼう然としました。日本をたつ時に大きな顔をしてきていた手前、途中で帰るなんてみっともないことはできません。学者を辞めてしまおうとまで考えました。

しかし、ここでへこたれたら男・廣瀬がすたります。私の中にたった一つ、この窮地を突破するアイデアがありました。

当時、私は妻と子供2人と2LDKのアパートに住んでいました。ノースウエスタン大の研究者がよく利用するアパートで、ある一室では20人ほどの中国人研究者が集団で生活していました。トイレも台所も一つ、スーパーで安い食材をまとめ買いするような節約生活を送っています。私はその中で一番優秀なやつに目を付け、週末、わが家に招待しました。

彼はチョウ・ケンペイ（張建平）君と言って、私と同じ破壊工学が専門です。チョウ君は私の家族ともすぐにうち解け、一緒に食卓を囲み、妻が腕をふるった料理をおいしそうにほお張りました。

「ん、どうしたヒロセ?」

私がシュンとしている様子にチョウ君が気付いてくれました。

「実は…」。私はマイクロメカニクスを使った計算がうまくいかずに困っていることを打ち明けました。すると「ボク、それ勉強したから分かるよ」と頼もしいチョウ君。「ちょっと見せてみろ」と言うと、私の課題を持って帰っていってしまいました。教えてもらおうと思ったのに…。

窮地に手をさしのべてくれたチョウ君。彼とは共同研究も行いましたが、その後、不慮の事故で亡くなってしまいました

この数字はもしや…

翌日は日曜、自宅でくつろいでいると、昼頃にチャイムとともに「ヒロセ、おるか」と私を呼ぶ声がしました。チョウ君です。

慌ててドアを開けると、チョウ君は「お前の言うのは、こういう式で書けるぞ」と言うと、10枚ぐらいの紙をバサッと差し出しました。そこには計算式がずらっと並んでいました。救世主降臨!

チョウ君の計算式を「なるほどなあ」と眺めていて、ある部分に引っ掛かるものがありました。

「この数字はもしや…」

その頃、亀裂は連続して進んでいくものと思われていました。しかし、目の前の式には「離れ亀裂」

の可能性が示されていたのです。つまり、亀裂はとびとびにできて、それがつながることで進んでいくという仮説が立ちました。それが見事に式と合うんです。

村先生に報告すると、「正しいぞ」と言うなり、どこかへ電話をかけ始めました。相手は水素割れ研究の世界的権威、ミネソタ大のガーバリック教授です。彼はその足で飛んできました。

「わしらの立場ない」

ガーバリック教授は「さあ、説明してくれ」と身を乗り出しました。講義のことがよぎった私が「英語が苦手やから…」とたじろぐと、「かまわんよ」と鋭い目線でこちらを見据えます。

私は式を見せながら、つたない英語で懸命に説明すると、ガーバリック教授は目を見開き、「ワシらが考えていたことを、お前はうまいこと式で表したなあ」と唸《うな》ったのでした。彼が「ＯＫ」と言えば、その世界で認められたも同然です。私の発見は権威ある学会誌に載り、その後、材料や環境を変えては論文を書き、気が付いたら1年で4つ書き上げていました。

1年で1本の論文を書けば「ノルマ」達成のところ、4本書いたわけですから、当然ながら、私が首になる話は立ち消えとなりました。それどころか、日本から来ていたほかの「傭兵《ようへい》」（ポスドク）達から「わしらの立場がない」と文句をいわれる始末。

2年目にはチョウ君と共同で研究も行いました。今から考えると、研究は一人で全部やる必要はないわけで、足りない部分は補い合えばいい。そんなことを学んだ1年目のアメリカでした。

意見を述べないヤツは「NO」

米ノースウエスタン大に招かれ、講義では玉砕したものの、論文は仲間の支えもあって順調すぎるほど順調に進み、少しずつ自信を取り戻し始めていた2年目。再び試練が待ち受けているとは思いもしませんでした。

大学に一時的に招かれ研究する「傭兵《ようへい》」（ポスドク）仲間に、とある米国人男性がいました。初めて彼の家に招かれた日のこと。愛犬にミルクをやる彼を見て、驚きました。私が以前、彼にプレゼントした抹茶碗《まっちゃわん》が、犬のミルク入れに使われていたのです。

私は何かの冗談かと思い「おい、何て使い方をしとるんや！」と突っ込むと、彼は理由を説明するでも、言い訳するでもなく「自分の胸に手を当てて考えてみろ」と言い放ったのでした。

米国に渡る3カ月前、私は英会話と共に茶道をかじりました。せっかくなら異国の地に日本文化を少しでも紹介しようと思ったからです。現地で茶会まがいのものを開いて、その席に先ほどの彼も来ていました。彼には日頃世話になっていたので、感謝の気持ちで贈ったのが、先の茶碗です。女房の両親が、日本からはるばる持ってきてくれたものでした。

それを犬のミルク入れにするなんて失礼なヤツだ！胸に手を当ててみても、そんな使われ方をされる覚えはないわけで、彼とはその後もわだかまりが残ったまま、しばらく月日が流れました。

そして彼がなぜ「胸に手を当てろ」と言ったのか分かる日が、とうとうやってきたのです。

盛り上げるつもりが…

夏のシカゴでは、「ラビニア」と呼ばれる野外の音楽祭が開かれます。一流の演奏を5ドルほどの低料金で楽しめるイベントで、観客は午後6時ごろから夕食をとり、演奏会に備えます。大学の帰り、私は米国人の彼を含めたポスドク仲間と席を囲んでいました。

その日の演目はモーツァルト。大学時代、柄にもなくクラシック研究会に所属していた私は、場を盛り上げようと、曲のうんちくや指揮者の出来について、下手な英語で話していたのですが…。

「お前はモーツァルトのこの曲を弾いたことがあるんか」

よっぽど腹に据えかねた感じで、彼が口を開きました。

私が「弾いたことはないが、『音楽の友』という雑誌に書いてあったんや…」と言うと、彼は「お前は研究もそんな感じか？　カッコつけるのもいい加減にしろ」とため息をついたのでした。

彼が言いたかったことが、この時ようやく分かりました。私はちょっと見知ったことを、いかにも知っている感じで講釈を垂れていました。そこを彼にズバッと指摘されたのです。彼の言葉は深く胸に突き刺さり、しばらく私は立ち直ることができませんでした。

この時に痛感したのは、米国では、人の意見と自分の意見をきちんと線引きし、自分の意見を重視するということ、そして知ったかぶりをとても嫌うことです。

手伝った宿題がバッテン

こんなこともありました。当時、小2の長男を現地の学校へ通わせていました。ある日、長男が「宿題が出た」と言って帰ってきました。内容はエジプトについて親と相談して書いてくること、というもの。私は張り切って図書館に行き、エジプトについて調べた内容をまとめました。

翌日、長男がシュンとして学校から帰ってきました。理由を聞くと、持って行った宿題をかばんから取り出しました。見ると赤でバッテンが付いていました。

先生に理由を聞きに行くと「いかにもあなたが見つけたように書いてありますね。調べたならしっかり参考文献を明記しないとだめです！」と言われ、私までシュンとなって退散しました。米国では小学校から、自分の意見を述べること、引用の場合は明記することが教え込まれていたのです。

当時の私はといえば、周りが優秀な研究者ばかりで自分に自信がないもんだから、精いっぱい背伸びしていたのでしょう。それをあっさりと見透かされ、指摘してくれた彼には、今となっては感謝しなければいけませんね。

米国には妻（前列右）と長男（同左）、次男（同左から2人目）と共に渡り、現地の日本人たちとテニスで親交を深めました

電気工から出世したミリオネア

定年を2年後に控えた夏、再びシカゴの地へ降り立ちました。30代後半の2年間、ノースウエスタン大の村外志夫教授＝金沢市出身＝の招きで研究に打ち込み、その後10年ほど夏になるたびに研究に行っていた思い出の地。村先生が健在の間に、もう一度訪れたいと思っていたのです。

オヘア国際空港に到着。目を閉じて深呼吸すると、米国での充実した生活が昨日のことのようにまぶたの裏に浮かびます。大学のあるエバンストンにはバスで移動することにしていたので、乗り場へ向かっていたところ、「あれ、廣瀬さんじゃないですか」と私を呼び止める声がしました。振り返ると、日に焼けた男性が笑顔でこちらに手を振っていました。「え、荻野さん!?」

彼こそが、米国で成功を収めた「ミリオネア」です。

荻野さんとの出会いは、とても印象的でした。かつて私が米国で研究していた頃、家族で暮らしていたアパートの屋根裏から、彼は現れたのです。彼の顔を見てまた驚きました。私が大学時代、明治大学のアルペンスキー選手として名をはせていた荻野敏雄さん、その人だったのです。彼のように有名な人が、なぜアパートの電気工事を請け負っているのか。人違いかと思い、恐る恐る尋ねました。

「もしかして荻野さんですか。アルペンスキーやってた」

「そうだけど…」

やっぱり！雪国育ちで、スキー選手に憧れていた私は「コーヒーでもどうぞ」と言って荻野さんを引き留めました。彼は一流企業を辞め、電気工事などいろんな仕事をしながら食いつないでいるんだ、と話していました。その時は10分ほど話しただけで、空港ではそれ以来の再会でした。にもかかわらず、荻野さんは私の顔と名前をしっかり覚えていました。

豪華な部屋と食事を用意

研究のためこれからエバンストンに行ってアパートを探すことを荻野さんに話すと、「お連れしますよ」と高級車を指さしました。車が着いた先は、超が付くほどの豪邸。「アパートなんて言わず、ボクの家に泊まればいいよ」。

ピッカピカの大理石の玄関に、数え切れないほどの部屋。彼は何やらすごいシャワーヘッドを開発し、米国で大成功を収めていたのです。「これ、自由に使っていいから」と渡されたのはベンツのキー。豪華な部屋と食事も用意していただき、至れり尽くせりの日々を送ることができました。

しかし、なぜ10分しか話していない私を覚えていたのでしょう。荻野さんに聞くと「あんた、面白い男やったから」。変人もたまには役に立つんですね…。

シカゴには、移民として渡った日本人の1世、2世がたくさん住んでいました。ノースウエスタン大で研究していた頃、その一人、ビル田辺さんに出会いました。

ビル田辺さんはある時、太平洋戦争のつらい過去を話してくれたことがあります。米国で開戦を迎えたビル田辺さんは、強制収容所に入れられ、米兵となりました。彼の弟は日本兵となり、兄弟なのに敵同士になってしまったのです。帰国後、山崎豊子さんの「二つの祖国」を原作にしたNHK大河ドラマ「山河燃ゆ」を見て、これだと思いました。松本幸四郎さんが演じていた、まさにそんな人がたくさんいたのです。

移民の中には、戦後、「ミリオネア」の運転手や家政婦となって生計をたてている人がいました。ノースウエスタン大時代、スーパーで買い物中に声を掛けてきた中年女性も、そんな方でした。

「どこの県から来たの?」

「石川県です」

「あら、私は福岡から来て、こっちで家政婦をしているの。よかったら遊びにこない?」

連れられて行ったのは、これまた神殿のような大豪邸。この豪邸の主《あるじ》は、米国各地に家があり、ここには年の3分の1もいないとかで、彼女が留守中の家を預かっているとのことでした。

それ以降、彼女とは家族ぐるみでお付き合いさせていただき、一緒に教会に行ったり、地域の行事に参加したりと、現地の暮らしを味わわせていただきました。プライベートでは、大学で一緒に研究していた学者連中よりも、彼女のような方々との付き合いの方が強く印象に残っています。

何より、私が米国で論文を何本も書けたのも、単に偶然が重なっただけじゃないかとの思いがあった私に、彼や彼女は、米国の地で生き抜くたくましさを教えてくれたのでした。

騙《だま》されて「空手道五段」に

光栄にもこれまでイグノーベル賞をはじめ色んな賞をいただくことができましたが、唯一、一度も飾ったことのない証書が家に眠っています。忘れもしない1972年、金沢工大に勤めていた頃「空手道五段」の段位証を受けたのです。まさか廣瀬にそんな隠れた心得があったとは、と驚かれた方はゴメンナサイ。実はまったく中身が伴っていませんでして。

金沢工大で、全国の高専から受け入れた編入生のクラスを担当していた頃でした。当時、今は俳優として活躍している名高達男（達夫）君も大阪の高専から編入してきて、学生は20人ほどいたでしょうか。

学生から河川敷へ呼び出し

私は材料力学の講義を受け持っていたのですが、学生のできが悪くて、というより、私の教え方が悪かったのでしょう。学生の半数が試験をパスできなかったのです。何せ、大学では物理を学んだのに、金沢工大に来て初めて機械工学を教えることになって、私自身が勉強不足だったことは否めません。

「こりゃ困った、再試験をしてやらんなんな」と思っていた矢先のことです。学生連中から犀川の河川敷へ呼び出されました。理由を聞いても「まあまあ、来れば分かりますから」と言うばかり。訳の分からぬまま河川敷へ行くと、待っていた学生連中から空手着と黒帯を渡され、これに着替えろと言うではないですか。

決闘でも始まるんじゃないかという展開に、ケンカなどからっきしな私は内心ヒヤヒヤもの。でも学生の手前、力づくで来ても単位はやらんぞ、と前を見据えました。すると…。

「それじゃあ先生、そこでこうやって『エイッ』と言ってください」

一人の学生が空手の型のようなことをしながら、こう言いました。私が言われるがままに型をまねて「エイッ」と言ったのを見届けた学生は「はい、合格です」と言うと「空手道五段」の段位証を渡してきました。どうやって手に入れたのか、しっかり廣瀬幸雄殿と書かれています。

ここまで来てようやく学生の魂胆が見えました。どうやら空手の段位証で私を喜ばせて、単位をもらおうという算段だったようです。しかし私はそんなおだてに乗るわけもなく、当初の予定通り再試験を行い、何とか全員、単位を取らせることができました。

しかし困ったのはこの段位証。飾ったばかりに「空手道五段のお手並み拝見」なんてことになろうもんなら大変です。何より、この段位証を見るたびに、私の講義が下手だったという事実を突きつけられているようで、もらったその日から倉庫の

金沢工大時代に学生からもらった空手の段位証

奥深くにしまってあるのです。

◆男もほれぼれする名高君◆

このように当時の金沢工大には豪傑な学生がたくさんいました。そして卒業が近づくと、卒業生主催のダンスパーティーを開くのが恒例になっていました。

ここで活躍したのが、名高君です。名高君はとても真面目な学生で、私の材料力学の単位も落とさなかったと記憶しています。そして当時から、男がほれぼれするほどの色男。すらっと背が高く、女性に優しいジェントルマンでした。まさか俳優になるとは思いもしませんでしたが。

当時、私のクラスに女子学生は一人もいませんでした。ダンスパーティーを開くには女性がいないと始まりません。「どうするんや」と心配しても、学生は「先生、女性はいっぱい来ますよ」と余裕しゃくしゃくの様子。私は自分の学生時代を思い出し「交流のある女子短大の学生でも呼ぶんか」と聞いても「いや、学生はほとんど来ませんよ」と自信満々です。

言葉通り、当日は男子学生の数を上回る女性が集まってきました。それもキレイな人ばかり。あれはびっくりしましたね。「誰が連れてきたんや」と学生に聞くと、名高君を中心としたグループを指さします。なるほど納得、女性のほとんどが名高君目当てだったのではないでしょうか。

今も映画やテレビ、舞台で活躍する名高君を見ながら、自分の「教え子」であることをひそかに誇りに思っているのです。

エピローグ

本書の締めくくりとして、私が愛してやまないコーヒーの未来について触れたいと思います。

これからのコーヒーはおいしくて当たり前、「健康」の視点が大切になってくると思います。

本書でも何度となくコーヒーの健康効果について触れてきました。認知症予防に有効とされるトリゴネリン、がん予防にはクロロゲン酸、時に邪魔者のように扱われるカフェインもがん治療に効果があるという研究結果が発表されています。コーヒーをおいしく、オシャレに、さらには健康を意識して飲む時代がやってくるでしょう。

手前みそになりますが、私はこの健康を意識し、電子レンジや遠赤外線などさまざまな焙煎《ばいせん》機を開発してきました。そして２０１１年、その集大成となる「過熱蒸気焙煎」を実用化しました。コーヒー豆を従来の「酸化」ではなく、「還元」の作用で焼く方法で、生豆の健康成分を焙煎後も多く残すことに成功しました。水素の効能にも着目し、「水素焙煎コーヒー」も世に送り出しました。

いずれ、こんなこともできるようになるでしょう。人の好みを数値化する多変量解析を使い、酸味や甘み、苦みといった14項目のアンケートに答えるだけで、自分にぴったりのコーヒーを診断し、その場で買うことができるのです。

あらかじめ専門家がブラジル、エチオピアなど各種のコーヒー豆の香りや味の特徴を多変量解析し、味覚図を作製しておきます。アンケート結果をこのグラフと照らし合わせると、それぞれの好みに近い豆が一日で分かるというわけです。豆は2分で焼けるジェットロースターを使えば、すぐに試飲できます（通常は15分ほどかかります）。

自分の一番好みに近い豆を買ってもいいですし、好みに近い豆をブレンドすれば、その人だけの「世界で一つの味」になります。データに健康成分も登録しておけば、一石二鳥です。


わたしの生まれ故郷であり、現在暮らす金沢という街は、コーヒーとは縁の深い土地柄です。

２０１１年末、総務省統計局の家計調査で、金沢の人がコーヒーにかける金額が日本一に躍り出ました。その額、年間７１３０円（２００８～10年平均）。金沢は菓子処《どころ》、とりわけ和菓子のイメージが強いですが、和菓子とコーヒー、実は意外と相性が良く、この不思議な和洋折衷を金沢の方は好むそうです。

さらに、金沢大学では「コーヒー学」が単位の取れる講義として認められていて、一般向けの公開講座も行っています。金沢では産官学が一体となってコーヒーを盛り上げる土壌が整っているわけです。コーヒーとクラシック音楽を組み合わせたイベントも始め、多くの方に楽しんでいただけるようになりました。まさに、金沢ではコーヒーが文化として受け入れられているという証拠です。

私はこの「コーヒー天国」金沢から、豊かで奥深いコーヒー文化の魅力を発信していく所存です。

最後になりますが、このコーヒー馬鹿《ばか》に興味を持ち、連載の執筆を勧めてくださった方にお礼を申し上げたいと思います。この方は私をモデルにした映画の製作も構想され、主演俳優はこの方がいい、ヒロインはあの美人女優にお願いしようなどと、楽しそうに計画をお話しくださっていました。誠に残念ながら脚本家、市川森一氏は2011年12月に急逝されました。謹んで哀悼の意を表します。

廣瀬　幸雄

※本書は2010年8月から2011年12月まで北國新聞夕刊に連載された「我が輩は珈琲博士」を加筆、編集したものです。登場する人物の年齢や肩書きは原則掲載当時のままとしています。

参考文献

『もっと知りたいコーヒー学　工学屋が探求する焙煎・抽出・粉砕・鑑定 etc.』
廣瀬幸雄著、旭屋出版
『工学屋の見たコーヒーの世界』　廣瀬幸雄著、いなほ書房
『コーヒー学入門』　廣瀬幸雄・圓尾修三・星田宏司著、人間の科学新社
『コーヒー　その賢い買い方、選び方、焙煎、粉砕、抽出、そしてコーヒー全ての楽しみ方』
ケネス・デーヴィッズ著、圓尾修三・廣瀬幸雄・後藤昌英訳、いなほ書房
『コーヒーの香味発生の主要な要因と官能評価用語』　圓尾修三・廣瀬幸雄著、旭屋出版
『珈琲のすべてがわかる事典』　堀口俊英監修、ナツメ社
『コーヒー焙煎の化学と技術』
中林敏郎・筬島豊・本間清一・中林義晴・和田浩二著、弘学出版

著者プロフィル

廣瀬　幸雄　（ひろせ・ゆきを）

1940年11月、金沢市生まれ。金沢大学名誉教授、工学博士。専門は破壊工学。日本コーヒー文化学会副会長、中谷宇吉郎雪の科学館館長、ＮＰＯ法人イグ・ノーベル科学技術教育研究所理事長、北國新聞文化センター講師などを務める。

1966年金沢大学大学院理学研究科修了。86年に同大学理学部教授・大学院教授となり、学生部長（副学長相当）、留学生センター長、共同研究センター長、ベンチャー・ビジネス・ラボラトリー長などを歴任。2006年に退官後も大学院特任教授を14年まで務めた。06年から11年まで金沢学院大学大学院教授を兼ねた。

2003年には、カラス撃退の合金を開発したことでイグ・ノーベル賞化学賞を受賞。09年には、超音波計測による骨密度評価法の開発育成で文部科学大臣賞を受賞している。

我が輩は珈琲博士

二〇一二（平成二十四）年二月一〇日　第一版第一刷
二〇一六（平成二十八）年二月一〇日　第一版第二刷

著者　廣瀬　幸雄

発行　時鐘舎

発売　北國新聞社
〒九二〇―八五八八
石川県金沢市南町二番一号
電　話　〇七六（二六〇）三五八七（出版局直通）
ファクス　〇七六（二六〇）三四二三
E-mail　syuppan@hokkoku.co.jp

定価はカバーに表示しています。

ISBN978-4-8330-1849-4